RAPPORT

SUR L'ÉTAT ACTUEL

DU PANTHÉON FRANÇAIS,

RAPPORT
FAIT
AU DIRECTOIRE
DU DÉPARTEMENT DE PARIS,

Sur les travaux entrepris, continués ou achevés au Panthéon Français depuis le dernier compte, rendu le 17 Novembre 1792, & ſur l'état actuel du monument, le deuxième jour du ſecond mois de l'an 2e de la République Françaiſe, une & indiviſible ;

Par ANTOINE QUATREMERE, Commiſſaire du Département, à la direction & adminiſtration du Panthéon Français.

Imprimé par ordre du Directoire.

A PARIS,

De l'Imprimerie de Ballard, Imprimeur du Départemen de Paris, rue des Mathurins.

APRÈS avoir rendu compte au Directoire des dépenses faites au Panthéon, depuis le premier juillet 1792 jusqu'au premier du même mois 1793, je ne me serois acquitté qu'imparfaitement de la mission qui m'est confiée, si je ne lui mettois sous les yeux le tableau fidèle de toutes les opérations qui se sont exécutées dans le cours de cette année, & l'exposé de l'état dans lequel se trouve actuellement l'édifice confié à sa surveillance.

Ce n'est pas en effet la comptabilité ni la gestion administrative dont je suis chargé sous l'inspection immédiate du Directoire, qui constituent la responsabilité la plus délicate de celles que j'ai acceptées. Étranger à toute espèce de maniement de deniers, sans rapport direct avec les Entrepreneurs dont les mémoires *se règlent par des agens & vérificateurs que je n'ai pas nommés & qui ne dépendent pas de moi ; inhabile à passer quelque marché que ce puisse être, dans quelque genre que ce soit ; mis enfin, & par la nature de l'Administration telle qu'elle est organisée & par le désintéressement entier dont j'ai toujours fait profession depuis près de trois ans, hors de la possibilite, je ne dirai pas de prévariquer, mais d'en encourir même le soupçon, lorsque je présente au Directoire un compte, je ne fais que lui offrir une récapitulation rapprochée de tous les états qu'il a déjà approuvés ; je ne fais que lui soumettre, sous une forme plus méthodique, la réunion de tous les détails qui ont passé partiellement sous ses yeux & reçu sa ratification.*

Ainsi ce travail sur lequel je suis fort éloigné de détourner de moi la moindre partie de responsabilité, n'est pas celui pour lequel j'ai le plus besoin de justi-

fier la confiance que le Directoire m'a accordée jusqu'à ce jour.

Mais ayant joui de cette confiance & peut-être de celle de l'opinion publique, dans la direction dont je rends compte, je dois prouver par tous les travaux, changemens, suppressions, additions & opérations de tout genre dont se constitue cette direction, je dois prouver, dis-je, indépendamment de l'activité apportée dans ces travaux ;

1o. Que l'intention nationale y a été complettement remplie par les changemens opérés ;

2o. Que le goût, ce juge tout à la fois si arbitraire & si irrécusable des ouvrages de l'Art, n'a aucun reproche à me faire.

Ainsi, en rendant compte au Directoire, c'est d'abord à la République, comme moralement comptable envers elle du bon & judicieux emploi des deniers, à l'objet auquel ils étoient consacrés ; c'est ensuite à la République des Arts, comme responsable envers elle du goût qui a présidé à l'ouvrage, de la nécessité & du bon effet des changemens opérés, ainsi que des raisons qui devoient empêcher d'en faire d'autres, que j'adresse ce rapport, le dernier probablement qui puisse me rester à faire sur un edifice qu'on peut regarder, sinon comme fini, au moins comme fait.

RAPPORT
SUR
L'ÉTAT ACTUEL
DU PANTHÉON FRANÇAIS.

PREMIÈRE PARTIE.

DANS un moment où tout doit contribuer à renforcer dans l'ame des citoyens, toutes les sensations que l'enthousiasme de la liberté fait puiser dans l'amour de la Patrie ; à l'époque où l'instruction publique, non pas celle qui parle à la mémoire de quelques hommes, par le récit de quelques faits, mais celle qui produit les grands faits, en parlant à l'ame de tous les hommes, est prête à fonder son vaste enseignement sur des institutions philosophiques, il est heureux qu'il puisse s'ouvrir enfin ce temple que la philosophie peut s'applaudir d'avoir deux fois élevé, par la conquête qu'elle en a faite sur la superstition.

Parmi les diverses obligations que le Directoire avoit contractées en se chargeant de la direction générale du Panthéon, la plus importante étoit peut-être de remplir avec célérité ce vœu de la philofophie. Le mandat fpécial lui en fut donné par le décret qui mit ce monument fous fa furveillance.

Il étoit heureux que le plus grand, le plus riche & le plus bel édifice qui foit en France, ait été alors affez avancé pour que la jouiffance publique ne pût pas être long-temps retardée. Il étoit politique, indépendamment de beaucoup d'autres raifons, de n'embraffer dans les travaux exigés par le nouvel ordre de chofes, que la mefure précife de changemens qui pouvoient concorder avec l'intérêt du monument, fans trop en reculer l'emploi : c'étoit un devoir en outre de porter la plus grande activité dans tous les genres de travaux d'où dépendoit fon achèvement.

En rendant compte au Directoire de tout ce qui a été achevé, entrepris & continué depuis une année, j'aurai l'avantage de lui prouver ce qu'il a intérêt de prouver lui-même à la République, que l'activité des travaux y a été portée au plus haut point, que les fonds ont été judicieufement employés à leur objet, & que l'édifice n'attend plus que la vie qu'il doit recevoir, moins actuellement de la main de l'art, que du génie des inftitutions auxquelles il eft propre.

Tous les travaux entrepris, continués ou achevés depuis mon dernier rapport font tels, qu'en rendre compte, c'eft donner du monument une description presqu'entière. Je ne suivrai dans ce récit d'autre ordre que celui qu'indique l'extérieur & l'intérieur de l'édifice.

De l'extérieur du Panthéon.

De toutes les parties du monument, celle qui devoit plus appeller à soi les secours de l'art & les ressources de l'allégorie, pour répondre au caractère nouveau qu'exigeoit une destination nouvelle, étoit sans doute le péristyle. *Péristyle.*

Le péristyle est à un édifice, dans l'architecture, ce qu'est la figure au corps humain ; c'est en quelque sorte sa tête. C'est-là, c'est dans cette espèce de physionomie que le spectateur découvre, ou du moins doit distinguer le genre, l'emploi, la nature spéciale de l'édifice qui s'offre à ses regards. Sans parler des moyens particuliers à l'architecture, & qui dépendent sur-tout du mode propre au sujet, des proportions & de l'harmonie générale, nulle autre partie n'offre à l'éloquence de la sculpture, au langage des symboles & de l'allégorie, aux grandes conceptions du ciseau, ni de plus beaux sujets, ni de si vaste champ.

C'est sur-tout dans les timpans de leurs frontons que les Grecs & les Romains s'étoient montrés prodigues des richesses de la sculpture. Le

Parthenon d'Athènes semble n'avoir conservé quelques fragmens de la sculpture de son fronton que pour justifier la superbe description que l'histoire nous a laissée de ce chef-d'œuvre de l'art. Des crampons de métal nous apprennent qu'un bas-relief en bronze ornoit le frontispice du Panthéon d'Agrippa à Rome.

Si les temps modernes n'ont pas vu se renouveller ces grands efforts de la sculpture, il faut s'en prendre sur-tout aux causes qui ont détourné l'architecture des conceptions simples ; il faut en accuser l'oubli dans lequel on a long-temps été des formes les plus propres à décorer l'extérieur d'un édifice.

Enfin, par l'effet inévitable de ce mouvement qui fait tourner éternellement & les hommes & leurs arts dans ce cercle tracé par la nature, pour les ramener successivement du simple au composé & du composé au simple, Soufflot avoit conçu il y a quarante ans l'idée d'élever un péristyle surmonté d'un fronton. L'idée parut neuve ; il n'y avoit de nouveau que l'ignorance des hommes d'alors. Le projet parut hardi ; il l'étoit en effet, car les dimensions en étoient gigantesques & les moyens d'exécution puérils. Il réussit enfin ; & pour qui connoît les difficultés d'exécution qu'il eut à vaincre, l'entreprise mérite des éloges. Cependant une sorte de timidité se mêla à la hardiesse de la conception. L'auteur n'avoit pas osé donner au bas-relief de son fronton la saillie convenable; il avoit restreint lui-même les moyens de la sculpture : tout enfin, jusqu'au sujet choisi, s'étoit accordé pour qu'une si belle occasion de développer un grand talent, fût perdue.

Il ne falloit pas manquer celle qui se présentoit de rendre au Génie de la sculpture ce qu'il avoit droit d'attendre de la régénération du monument. Mes premiers soins se tournèrent vers l'entreprise du fronton. Un modèle conçu sur le type des compositions antiques fut exécuté par Moitte dès 1791. L'opération du réincrustement entier dans le timpan du fronton se fit sur les dimensions de ce modèle : dès 1792 il fut possible de l'ébaucher sur la pierre; enfin l'activité dans ces travaux a été telle, que cet ouvrage, le plus grand en ce genre, & peut-être le seul de son espèce qui existe chez les peuples modernes, est entièrement achevé. *Fronton.*

Il n'appartient maintenant qu'à l'opinion publique de juger Moitte & son ouvrage; mais je pense que la même opinion publique qui jugera aussi le choix de cet artiste, conviendra que dans un temps où il n'existoit aucun moyen de déterminer par le concours l'élection des artistes, il étoit difficile que la confiance du Directoire se reposât sur un homme plus versé dans le style des grandes conceptions, & plus capable de réunir à la grandeur de la penſée, celle de l'exécution qui l'agrandit encore.

La belle inſcription qui a remplacé dans la friſe l'inſipide & lourd enroulement dont elle étoit chargée, eſt devenue, d'une manière toute naturelle, l'argument & l'explication tout à la fois du ſujet que Moitte a traité dans ſon fronton : c'eſt aux grands hommes que la Patrie reconnoiſſante a conſacré le monument.

C'eſt auſſi la Patrie qui paroît dans ce bas-relief comme la divinité principale du temple. Des ſymboles caractériſtiques de la France l'accompagnent : un autel chargé de feſtons & de ſignes rémunératifs eſt à côté d'elle ; elle y a pris les couronnes de chêne qu'elle tient, & que ſes deux bras étendus préſentent à l'émulation publique. L'une d'elles vient ſe repoſer ſur la tête de la Vertu : à ſon air timide, à ſon maintien modeſte, l'artiſte a voulu faire entendre que la véritable vertu ſe contente de mériter les récompenſes ; qu'elle ne ſait ni les ſolliciter ni les fuir, mais que la Patrie ſaura toujours la trouver & la prévenir.

Un caractère tout différent brille & ſe développe dans la figure oppoſée. C'eſt le Génie perſonifié ſous la forme d'un beau jeune homme aîlé : une maſſue, ſymbole de la force qui dompte tous les obſtacles, eſt dans ſa main gauche ; il ne faut que lui montrer la récompenſe : auſſi ſa main droite saisit la couronne que tient la Patrie. Son air, son attitude & toute l'expression de la figure annoncent la hardiesse, & ce desir de gloire & cette ambition des récompenses qui sont l'aliment du Génie. Comme la Vertu attend la couronne, le Génie l'arrache. Tels sont les principaux traits qui différencient ces deux figures.

Mais ce qui forme leur cortége ou ce qui vient à leur suite en prononce encore mieux le caractère.

Derrière la Vertu, plane en l'air le génie de la Liberté ; il tient d'une main le *Palladium* de France, l'autre saisit par leurs crinières & conduit comme en triomphe deux lions attelés à un char rempli des principaux attributs des vertus. Ce char a terrassé le despotisme ; on le reconnoît à une figure renversée sur des ruines, à ses regrets & au poignard qui lui reste, & qu'il va tourner contre lui-même.

Le triomphe du Génie est d'un autre genre. Ses vraies conquêtes sont sur l'erreur ; c'est à ce prix qu'il aura dorénavant accès dans le temple de la Patrie : tel est le sens du grouppe qui termine la partie gauche du fronton. On y voit le Génie de la philosophie, armé du flambeau de la vérité, qui combat l'erreur & le préjugé.

L'artiste les a représentés sous la forme du griffon, animal chimérique qui, dans le langage de l'allégorie, est devenu le symbole de l'erreur; l'un d'eux recule à la lueur du flambeau qui détruit les prestiges; l'autre expire sous les pieds du Génie. Le char auquel ils étoient attelés offre, renversés & culbutés, tous les emblêmes des diverses superstitions. Le *lituus*, les tables hiéroglyphiques, les instrumens des mystères, le trépied sacré, tous ces signes qui ont long-temps abusé l'imagination en trompant les sens, rendent dans leur chute hommage au Génie de la raison, et occupent la partie la plus rampante du fronton.

Dessous du péristyle.

Le dessous du péristile auroit offert à la sculpture un champ plus heureux, si la disposition du mur du Pronaos eût permis d'y faire un grand bas-relief continu. Mais les colonnes adossées des extrémités, mais la saillie du corps avancé sur lequel est la porte, ont obligé de conserver la division & l'ancienne ordonnance des cinq bas-reliefs. Je me suis contenté d'y faire, indépendamment des sujets nouveaux dont il va être question, deux changemens qui en ont amélioré sensiblement l'effet.

Le premier consiste dans la suppression des cadres mesquins qui enborduroient jadis les sujets, & qui, en rendant cette décoration maigre, faisoient encore plus sentir sa division.

Le second a consisté à faire rentrer en renſoncement les bas-reliefs qui jadis failloient hors du cadre, avec autant d'inconvenance pour la ſculpture que pour l'architecture.

Il eſt réſulté de là que les nouveaux bas-reliefs ont pu être exécutés ſans aucun rapport de pierre.

Celui du milieu, qui eſt de *Boichot*, a pour ſujet la Déclaration des Droits. C'eſt la Nature ſous la forme d'une femme, moitié nue & moitié vêtue, pour exprimer que jamais l'homme ne la connoîtra toute entière, qui occupe le milieu de la compoſition; elle tient une corne d'abondance, ſymbole de la production. Le vautour, emblême de la deſtruction, eſt à ſes pieds : ſon autre main s'appuie ſur la table des Droits de l'homme qu'elle préſente à la France étonnée. La Nature amène à ſa ſuite ſes deux compagnes, l'Egalité & la Liberté. La Renommée ſe voit en l'air; elle annonce à tous les peuples le réveil de la France, & le règne de la liberté.

Le premier du côté droit (j'appelle ainſi celui de l'édifice & non celui du ſpectateur) eſt de *le Sueur*. Cet artiſte y a exprimé l'Inſtruction publique : la Patrie la préſente aux pères & mères de famille. Des jeunes gens & de jeunes filles vont au devant d'elle, & de jeunes enfans l'embraſſent comme leur mère. L'artiſte a voulu faire entendre que l'inſtruction du bas âge eſt de toutes la plus importante.

Le ſecond, du même côté, repréſente la nouvelle Juriſprudence. La Patrie, aſſiſe à l'entrée du temple des loix, montre à l'Innocence la ſtatue de la Juſtice, & la ſalutaire inſtitution du *Jury*. L'Innocence embraſſe avec empreſſement cette ſtatue tutélaire. Deux figures, ſavoir la Juriſprudence civile & criminelle, ſont debout, & ſemblent jouir du plaiſir qu'elles auront à n'être plus que les défenſeurs des innocens. Cet ouvrage eſt de *Roland*.

Comme toute bonne ſociété doit établir l'inſtruction & la juſtice pour tous, tous doivent en retour à la ſociété l'obéiſſance aux loix & le ſacrifice de leur perſonne à la choſe publique : tels ſont les motifs des deux bas-reliefs du côté gauche.

Le premier, repréſentant le dévouement patriotique, eſt de *Chaudet*. On y voit un guerrier mourant pour la défenſe de la République. Le Génie de la gloire & celui de la force le ſoutiennent expirant. Sa main défaillante dépoſe ſur l'autel de la Patrie le fer qu'il employa pour elle, & ſes derniers regards ſont encore pour la Patrie, qui s'avance à lui en lui préſentant la couronne du martyre civique.

Le ſecond, du même côté, eſt l'empire de

la Loi. C'eſt encore la Patrie, le ſceptre en main, qui apprend au peuple que les loix qu'elle lui préſente ſont l'expreſſion de la volonté générale. A ce ſignal un vieillard ſe proſterne & jure d'y obéir : un jeune guerrier s'avance & jure de la défendre. Ce bas-relief eſt de *Fortin*.

Inſcriptions. Au deſſous des quatre bas-reliefs qui accompagnent celui du milieu, étoient jadis quatre ornemens en grecque, renfermés dans un cadre long : ils n'avoient été placés là que pour occuper l'eſpace. Je les ai fait ſupprimer comme inſignifians, & remplacer par des épigraphes analogues à chacun des bas-reliefs. Quelque critique que l'eſprit parodiſte puiſſe ſe permettre ſur ces inſcriptions, il n'eſt perſonne d'inſtruit qui ne ſache combien des ſentences placées avec diſcrétion dans les édifices, ajoutent au ſens moral qu'on doit y chercher, & ſous ce rapport on ne penſe pas que celles-ci ſoient hors de miſe.

Il n'en eſt peut-être pas de même de l'inſcription : PANTHÉON FRANÇAIS, placée au deſſus de la porte : toute eſpèce d'enſeigne eſt petite à un ſi grand monument ; je n'ai placé celle-ci que pour rendre familière la nouvelle dénomination. L'expérience m'a appris combien trente années d'habitude rendent difficile un changement de nom. Cet intitulé, que j'ai mis proviſoirement à notre édifice, n'a donc pour objet que de faire entrer par les yeux la désignation nouvelle, que de familiariser le spectateur avec le nom actuel. Lorsque l'habitude sera prise, il ne faudra plus laisser dans l'inscription que la date de la consécration, comme cela se pratiquoit dans les temples antiques. D'ailleurs les caractères de bronze employés à cet usage temporaire n'ont rien coûté; ce sont ceux de l'inscription anciennement placée dans la frise.

Statues colossales du péristyle.

Si les inscriptions donnent de l'intérêt à un monument, elles ont cependant la propriété de parler à l'esprit plus qu'aux yeux, & l'écriture énergique des signes convient mieux à l'architecture que l'expression linéaire des caractères qui les ont remplacés.

Je m'étois proposé, après la clôture des portes collatérales du péristyle & la suppression des tables qui accompagnoient la porte d'entrée, d'établir sur ces grandes parties, devenues lisses, des inscriptions dont les sujets n'auroient manqué ni d'intérêt, ni de mérite.

Un peu plus de réflexion & d'expérience m'a convaincu que ces tables, quelque éloquentes qu'elles eussent pu être pour l'esprit, auroient été d'un effet muet pour l'ensemble du péristyle, & je me suis décidé à placer contre ces grandes parties lisses, des statues colossales qui en interromproient la monotonie, & formeroient un objet de décoration bien autrement ſaillant & bien plus analogue à ce qu'exige le langage de l'architecture.

En 1791, l'Aſſemblée conſtituante avoit décrété une ſomme de 100 mille livres, applicable à des travaux d'émulation, qui devoient devenir le prix des artiſtes vainqueurs à l'expoſition publique. Une partie de cette ſomme fut répartie en modèles de ſculpture, dont le ſujet étoit au choix des ſtatuaires. Ces figures pouvoient ne devenir que des objets d'étude inhabiles à toute deſtination publique. J'ai engagé ceux qui en étoient chargés, à faire tourner leur talent & leurs efforts au profit de la décoration du Panthéon, en choiſiſſant des ſujets correſpondans aux motifs du périſtyle. Ces artiſtes ont ſaiſi avec zèle l'occaſion de donner à leurs modèles une place ſi intéreſſante, & ſe ſont concertés avec moi ſur le choix du ſujet & ſur la proportion convenable.

Le Directoire a approuvé dans le temps une meſure, dans laquelle les artiſtes, le Panthéon & la choſe publique trouvoient un avantage réciproque.

Cinq des ſix figures qui vont embellir le périſtyle ſont déja faites, & j'en place ici la deſcription, quoique la totalité ne ſoit pas achevée.

Sous le bas-relief de l'inſtruction publique, c'eſt-à-dire au côté droit du périſtyle, s'élève un groupe, ouvrage de *Chaudet*, haut de neuf à dix pieds, qui repréſente la Philoſophie inſtruiſant un jeune homme, & lui montrant le chemin de la gloire & de la vertu.

La ſeconde figure eſt de *Roland* : elle repréſente la Loi dans l'acte du commandement; elle a treize pieds de proportion.

La troiſième eſt la Force, ſous l'emblême d'Hercule; elle eſt de *Boichot*.

Le quatrième ſujet eſt un groupe repréſentant un guerrier mourant dans les bras de la Patrie. L'auteur eſt *Maſſon*.

Les deux dernières figures, par leſquelles on auroit pu commencer cette deſcription, puiſqu'elles ſe trouvent en avant du périſtyle & ſur les deux maſſifs de l'eſcalier, ſont la Liberté, par *Lorta* (1), & l'Égalité, par *Lucas*.

Tel eſt à-peu-près l'enſemble de la nouvelle décoration du périſtile, dans lequel je ne me permettrai de faire remarquer ou la ſuppreſſion des petits détails qui en appauvriſſoient l'aſpect, ou le remplacement des fleurs de lys aux plate-bandes de l'architrave par des roſaces rapportées

(1) La figure, de *Lorta*, ne fait pas partie des travaux d'encouragement. Cet artiſte a deſiré faire un hommage preſque gratuit de ſon talent au Panthéon : le Directoire a accueilli ſon offre.

& solidement rivées, que pour être fidèle à l'énumération que j'ai promise. Le Directoire apprendra encore avec plaisir que la moitié des grands carreaux de granit qui se débitent dans les Vosges pour le pavement du péristile, est déja arrivée, & que l'année prochaine pourra voir commencer, & peut-être finir cette importante opération qui complétera l'ensemble du péristile.

Murs extérieurs.

Je n'ai, en parcourant les contours extérieurs du Panthéon, que peu de changemens à faire observer depuis l'année dernière. La clôture totale des croisées a été terminée, & le ragrément général que cette opération a exigé est près de l'être. L'opinion publique s'est assez expliquée sur ce changement, un des plus importans que j'aie ordonnés, pour que je sois dispensé d'en justifier la convenance.

C'étoit le moyen le plus activement propre à enlever au monument le style d'église, à redonner à sa masse le caractère de gravité qu'indiquoit la destination. J'aurai lieu de revenir à cet objet, lorsque je serai dans l'intérieur qui a plus encore que l'extérieur gagné par cette suppression.

En ramenant la masse extérieure de l'édifice à la simplicité actuelle, il falloit éviter que cette simplicité devînt nudité. Tel est l'écueil placé à côté du ſimple : il étoit facile d'y tomber, & ce vice fût devenu d'autant plus choquant, que la richeſſe du périſtile & celle de l'intérieur l'auroient fait plus reſſortir. Cette conſidération m'a engagé juſqu'à ce jour à conſerver les guirlandes extérieurement attachées dans la friſe ; non que j'aie jamais penſé à les laiſſer comme elles ſont, mais parce que j'ai voulu faire expliquer les gens de goût ſur la néceſſité de conſerver un ornement dans cette partie. J'ai deſiré encore qu'il fût poſſible de faire ſervir une portion de ces guirlandes à un nouveau projet de feſtons continus, ſoutenus par des candélabres, & ornés de ſymboles. Ce modèle eſt fait, & l'exécution de ce changement ne tardera pas à ſe réaliſer.

Tours. Il ne peut plus être queſtion des tours dans ce rapport, que pour rappeller l'entière deſtruction opérée depuis un an de ces hors-d'œuvre faſtidieux qui défiguroient l'aſpect de l'édifice.

Coupole. La coupole étoit, après le périſtile, l'objet extérieur qui ſollicitoit le plus quelqu'un de ces changemens caractériſtiques, propres à lui redonner une ſignification moins bannale, & ſuſceptible de ſe concilier avec la forme de ce vaſte & diſpendieux couronnement. Je réſerve à la ſeconde partie de ce rapport, une diſcuſſion plus approfondie ſur ce que l'on doit penſer de la coupole ; je ne dirai ici que ce que j'ai fait ou

projetté

projetté pour en améliorer l'enſemble & les détails.

La lanterne qui lui ſervoit d'amortiſſement a diſparu depuis l'année dernière, & l'on conſtruit maintenant le piédeſtal ſur lequel doit ſe placer le coloſſe dont Dejoux fait le modèle.

Si cette opération n'a pas marché avec plus de célérité, c'eſt que d'une part tous les mois de l'année ne ſont pas propices à des travaux auſſi expoſés, par leur ſituation, aux intempéries de toutes les ſaiſons; c'eſt en ſecond lieu que la conſtruction du piédeſtal a dû procéder de concert avec la conſtruction de la ſtatue coloſſale. Il a dû s'établir entre ces deux opérations un rapport néceſſaire de formes et de proportions, tant pour les points d'appui que pour les moyens d'armature, & s'il falloit connoître bien préciſément les maſſes & les données de la ſtatue pour la conſtruction de ſa baſe, il ne falloit pas moins en connoître les dimenſions, pour y proportionner la hauteur & le diamètre de ſon ſupport.

En combinant ce piédeſtal avec le coloſſe qu'il doit porter, on a trouvé encore le moyen de le rendre utile ſous un autre rapport.

L'académie des Sciences avoit deſiré établir un Obſervatoire ſur le ſommet de la coupole du Panthéon. Ce point, le plus élevé que l'on connoiſſe à Paris, a déja ſervi à l'obſervation du Méridien. Les aſtronomes qui s'occupent de ce travail avoient besoin d'un local clos & commode, soit pour leurs opérations, soit pour la sûreté de leurs instrumens : celui qui leur convient s'est trouvé précisément en rapport, & avec l'étendue du piédestal, & avec sa configuration.

Le demi-globe sur lequel la Renommée a le pied, forme la voûte d'une petite chambre circulaire, percée de douze petites croisées propres aux observations : la chambre est prise dans le corps même du piédestal. Ainsi ce nouveau couronnement aura l'avantage complet de réunir aux beautés de l'art une destination utile à la science.

L'immensité de la vue dont la hauteur de la coupole offre le plaisir, a dû faire chercher les moyens d'en faire jouir les curieux ; & une galerie tournante autour du socle les recevra sans danger ; elle aura de plus l'avantage de tronquer une partie de la pointe de la coupole, dont la forme ne peut que gagner à cette légère diminution.

Statue colossale de la coupole.

Je pourrois donner ici au Directoire une description anticipée du grand ouvrage dont il a chargé Dejoux ; mais dans peu de mois son colosse, devenu visible, dira plus qu'il ne me seroit permis de le faire. Ce ne sera pas cependant prévenir le jugement du public que de rendre ici témoignage de l'extrême intelligence, des soins ingénieux & de la rare capacité avec laquelle cet artiſte conduit un ouvrage qui n'a aucun terme de comparaiſon chez les modernes, & pour lequel les exemples de l'antiquité ne peuvent ſervir qu'à égarer l'imagination.

Le Directoire aura bientôt la preuve que cet ouvrage ne pouvoit être confié à une main plus sûre ; l'ébauche actuellement achevée m'eſt un sûr garant de la réuſſite complète de cette entrepriſe. Il falloit cependant s'aſſurer d'un fondeur capable de la mener à ſa fin ; en arrêtant le citoyen Getty, le Directoire a conſervé à la France un homme précieux, & a ſatisfait à tout ce qu'exigeoit la réuſſite d'un ſi vaſte travail.

Déja les préparatifs du moulage & de la fonte ſont commencés ; mais ces ſoins ſont ſi étendus & d'un ſi long procédé, que la paix ſera venue, avant le moment de la fonte, reſtituer aux arts, avec uſure, tout le métal que ceux-ci ont prêté à la guerre.

Statues de la colonnade extérieure de la coupole.

Ce couronnement d'un nouveau genre étoit néceſſaire à un édifice devenu dépoſitaire de la gloire & de la renommée des grands hommes ; cependant il exigera, autant pour l'harmonie architecturale que pour l'harmonie morale, qu'on l'accompagne d'objets homogènes.

En propoſant au Directoire la ſtatue de la Renommée pour couronner le ſommet du Panthéon, mon intention avoit été que cette figure, repréſentée publiant les louanges des grands hommes, s'élevât au milieu des Vertus qu'elle chante.

La conſtruction de la coupole & ſon ordonnance m'ont paru propres à réaliſer cette conception morale. Sa colonnade extérieure, compoſée de trente-deux colonnes, préſente au génie de la décoration une magnifique ſérie de ſtatues qui ſe trouvant placées immédiatement au-deſſous de celle de la Renommée, lui feront le plus bel & le plus analogue accompagnement.

Des eſſais de ces ſtatues que j'ai fait faire en figures découpées pour déciderplus sûrement leur proportion, ont obtenu l'approbation générale.

La forme & la diſpoſition de la coupole ſollicitent auſſi ce ſupplément d'embelliſſement:

1°. La colonnade extérieure n'a l'air que de faire ceinture à la coupole; elle ne porte rien, & cette eſpèce de diſconvenance ſera corrigée par l'impoſition des ſtatues que chaque colonne ſupportera.

2°. La colonnade forme à la naiſſance de la coupole une ſaillie très-prononcée; le paſſage eſt bruſque & contribue beaucoup à rendre ou à faire paroître le dôme trop maigre. La couronne de ſtatues qui l'entourera, ſervira à remplir ce vide, & rendra la maſſe plus harmonieuſe.

3°. L'attique du dôme qui ſervira de fond aux

ſtatues, eſt une des parties les moins heureuſes de l'édifice, ſoit par ſa proportion, ſoit par les croiſées dont il eſt percé. La rangée de ſtatues lui fera diverſion, le maſquera & détournera heureuſement à ſon profit l'attention du ſpectateur.

Cet objet d'embelliſſement, néceſſaire ſous tous les rapports à l'enſemble du monument & au complément de ſa rénovation, n'attend plus que la déciſion du Directoire.

L'enceinte du Panthéon, pour ſe débarraſſer entièrement, ſollicite auſſi ſa détermination; il ne reſte plus qu'à ordonner l'adjudication de toutes les mâſures qui déshonorent ſes alentours. La place commence à ſe déblayer, & l'année prochaine doit voir terminer cette opération.

De l'intérieur du Panthéon.

J'avois promis au Directoire que l'intérieur du Panthéon ſeroit entièrement déſéchafaudé pour le 10 août de cette année : j'ai tenu cet engagement. La ſculpture d'ornement de la coupole a été totalement terminée pour cette époque ; ce qui reſte à faire en ce genre, ne conſiſte plus qu'en quelques détails à finir en quelques jours. Deux ſeuls objets d'une plus grande importance exigeront un temps plus conſidérable, ce ſont le ſtylobate de la colonnade intérieure qu'il conviendra d'orner d'un bas-relief, & les quatre grands pendentifs du dôme. Je reviendrai sur ces objets qui n'ont pas dû arrêter l'opération du déséchafaudement général, parce qu'ils peuvent s'exécuter, au moyen d'échafauds particuliers, sans gêner la jouissance du monument.

Avant de passer à la description des nouveaux sujets de décoration qui ont été exécutés dans les voûtes pendant le cours de cette année, je dois parler des opérations générales qui ont amélioré sensiblement l'intérieur du monument.

Suppression des croisées.

On ne doute plus maintenant que la suppression des croisées dans tout le pourtour des galeries ne soit devenue heureuse sous tous les rapports.

L'œil autrefois étoit fatigué de cette multiplicité de jours, & l'effet de l'architecture y étoit nul ; rien d'ailleurs n'étoit plus inutile que ces percées dans un édifice disposé de manière à recevoir le jour d'en-haut, par les grands ceintres des voûtes : la lumière s'y combattoit de toute part, & détruisoit aussi de toute part les masses de la sculpture, tant d'ornement que de figures.

Cet excès de clarté donnoit encore à tout l'édifice un air de gaîté & de légèreté, incompatible avec le caractère qu'exige une destination grave & religieuse.

Aujourd'hui que la lumière tombe d'en-haut,

les galeries ſe trouvent teintées de manière à faire briller l'ordonnance des colonnes. Les monumens de ſculpture qu'elles ſont deſtinées à recevoir, y jouiront de la lumière qui leur eſt la plus favorable, & les ſculptures des voûtes ont au moins l'avantage de ne recevoir qu'une ſeule eſpèce de jour.

L'édifice n'a point perdu de ſa clarté ; s'il y en a moins, elle y eſt meilleure : celle qui vient des grands ceintres m'a paru encore trop vive, & j'ai pris le parti d'en faire dépolir les verres.

De ce dépoliſſement réſultent deux avantages :

Le premier eſt d'établir un jour uniforme & doux que les rayons du ſoleil n'altèrent jamais, qui aggrandit l'intérieur, & ménage à tous les bas-reliefs l'agrément d'être bien vus à tous les momens de la journée.

Le ſecond eſt d'ôter l'aſpect des conſtructions extérieures, des contre-forts, & autres maſſifs que l'on appercevoit, non ſans déplaiſir, au travers des vitraux.

La clôture des croiſées a donné encore deux réſultats extrêmement précieux.

L'un eſt la ſuppreſſion qu'on a faite des cadres placés au deſſous des chambranles des croiſées, ce qui a l'avantage de préſenter maintenant un fonds liſſe & ſpacieux aux monumens ou aux ſtatues que ces emplacemens doivent recevoir.

L'autre eſt la ſimplicité que ce ravalement a introduite au pourtour de l'édifice, ſimplicité qui, en faiſant valoir la richeſſe de l'ordre, rendroit plus excuſables, s'il en étoit beſoin, les cannelures déja exécutées aux colonnes de la nef d'entrée, & que la convenance ou la ſymétrie forcera ſans doute de répéter dans les autres nefs.

Cannelures. Lorſqu'il fut queſtion d'exécuter le décret qui changeoit la deſtination de notre monument, je portai mon attention ſur tous les moyens ſuſceptibles d'y rétablir le plus de gravité poſſible.

Les moyens que l'architecture emploie pour produire le caractère qu'elle ſe propoſe, réduits à leur valeur abſtractive, conſiſtent dans le plus ou le moins de diviſion des objets. Diviſez beaucoup, vous avez ce que l'on eſt convenu d'appeler un *ſtyle gai* ou *leger* : rapprochez-vous le plus poſſible de l'unité, ou, ce qui eſt la même choſe, ſimplifiez, vous acquérez un caractère grave ou ſévère. C'eſt que la multiplicité des objets produit la diſtraction de l'eſprit ; c'eſt que l'unité de motif concentre la penſée, en opère le recueillement, comme la monotonie, qui n'eſt que l'excès de l'unité, fatigue nos ſenſations par la trop grande répétition de la même impreſſion.

C'eſt à la très-grande diviſion de ſes voûtes & de toutes ſes parties, à ſon trop de variété, que notre édifice devoit cet aſpect d'hilarité qu'on a de tout temps trouvé plus compatible avec un lieu de plaisir qu'avec un temple.

C'est aussi ce qui fait qu'après avoir vu simplifier beaucoup de parties du monument, l'œil des hommes de goût, encore fatigué de la trop grande variété des voûtes, aime à se reposer sur les parties lisses que lui offrent les colonnes non cannelées. Bien des artistes desireroient qu'il fût possible de leur laisser cette simplicité. Je trouvai en 1791 les colonnes de la première nef cannelées, & déja quelques-unes des autres commencées; j'ai attendu, pour mettre l'accord nécessaire en ce genre, l'effet d'un parallèle complet entre les nefs.

Trois partis se présentent aujourd'hui :

L'un, de remplir les cannelures des colonnes de la première nef;

L'autre, de canneler toutes celles des trois autres nefs;

Le troisième, de laisser le tout dans l'état où il est, avec une nef cannelée & les trois autres lisses.

De ces trois partis, le premier est celui qui rencontre le plus d'obstacles; la réintégration de la colonne est impossible à opérer en pierre : reste le stuc qui ne pourroit jamais s'amalgamer avec la colonne, qu'au moyen d'un enduit général dont on ne pourroit garantir ni la solidité, ni la cohérence, ni l'uniformité de ton avec le reste de l'édifice.

Le troisième parti, qui a l'air de tout accommoder, offre la permanence d'une disparate qui donneroit à l'édifice l'air de n'avoir jamais été fini, & lui laisseroit une empreinte de ridicule.

Ainsi, quoique porté à préférer dans cet édifice la colonne sans cannelure, parce qu'offrant moins de détails elle s'assortit mieux à une destination grave, la première nef ayant décidé d'avance la question, je ne crois pas qu'on puisse se dispenser de la regarder comme jugée en faveur des cannelures; d'ailleurs la cannelure étant une richesse ajoutée à la colonne, & les richesses n'ayant de valeur que par les repos, le nû actuel du mur qui sert de fonds aux colonnes autoriseroit cet ornement, si toutefois un usage appuyé de tous les monumens de l'antiquité, même les plus graves, pouvoit avoir besoin de se justifier.

Imposte. J'ai laissé jusqu'à ce jour subsister, dans tout le pourtour des murs de l'édifice, l'imposte motivé par les arcades des extrémités & les piédroits de ces arcades. Cette fidélité dans la répétition de ce membre d'architecture s'observe à beaucoup de monumens des plus recommandables; cependant l'imposte dont il s'agit ici a l'inconvénient de diviser l'ordre en deux parties un peu trop égales. J'ai déja remédié à ce défaut en faisant continuer de la même manière l'aſtragale de la colonne ; enfin j'ai cru devoir attendre, pour me décider à la ſuppreſſion très-facile de cette partie, l'effet que les ſtatues pourroient faire dans les entre-colonnemens : peut-être alors regretteroit-on l'impoſte.

Suppreſſion de divers ornemens.

Je n'avois à attendre que du ſimple bon ſens l'ordre de ſupprimer toutes les bagatelles dont toutes les plus petites parties des voûtes étoient ou devoient être brodées. Une partie de ces meſquineries répugnoit à la nouvelle vocation du monument, & l'autre étoit proſcrite par le bon goût. Je me crois donc diſpenſé de faire ici l'énumération des bouquets, palmes, loſanges, têtes de Chérubins, conſoles, médaillons, guirlandes, chiffres, tables avancées ou renfoncées, fleurons & autres qui ont diſparu depuis une année. Ces réformes n'ont produit qu'un ſeul effet ſur les gens de goût, c'eſt le deſir d'en voir opérer d'autres ; & à cet égard, quelque ſobriété qu'on doive mettre dans les amendemens que peut comporter un édifice conçu & exécuté dans un ſeul & même eſprit, je me flatte qu'il y aura encore des propoſitions utiles à faire au Directoire ſur la manière de ſimplifier l'effet des voûtes.

Friſe.

Il n'eſt perſonne qui en comparant toutes les parties de l'édifice, rajuſtées ſelon le nouveau ſyſtême, à ce qu'elles étoient autrefois, ne convienne que toutes y ont ſingulièrement gagné ; mais il n'en eſt aucune qui ſe ſoit mieux raccordée au plan nouveau, que celle de la porte & de la tribune d'entrée. Il y avoit autrefois une ſaillie ſoutenue par trois groſſes conſoles, des lucarnes ornées de guirlandes, des tables avancées. J'ai fait ſupprimer tous ces détails, ainſi que le reſſaut de l'entablement : les mêmes pierres ont reſſervi, il n'y a eu qu'une dépenſe de façon.

Cette opération m'a mis dans le cas d'eſſayer la correction de l'enroulement ſculpté ſur toute l'étendue de la friſe. Les rinceaux dont il ſe compoſe ſont monotones, chargés & ſans clair obſcur ; ils ont l'inconvénient d'être ſans plan & ſans fonds, ce qui produit confuſion au lieu de richeſſe. L'on peut voir maintenant à la partie remodifiée au deſſus de la porte, qu'il ne s'agit que d'élaguer le ſuperflu de cet enroulement, de lui donner des fonds, d'établir de la variété dans ſes maſſes, pour en tirer l'effet qu'on a droit d'en attendre. Si cette rectification n'eſt pas encore opérée par-tout, c'eſt qu'on n'a pas voulu, d'ici à nouvel ordre, embarraſſer l'édifice de nouveaux échafaudemens.

Pendentifs. Tous les échafauds des voûtes vont diſparoître, il ne reſte plus que deux pendentifs à terminer, & ils doivent l'être dans ce moment. La nouvelle décoration de ces pendentifs s'eſt exécutée avec la plus grande célérité. Le Directoire, en diſtribuant ces ſeize ouvrages à ſeize ſculpteurs, avoit pris le moyen le plus actif pour l'accélérer. Il s'eſt fait en un an le double de l'ouvrage qui avoit, dans l'ancien ordre de choſes, duré douze années. Si quelque moyen pouvoit encore garantir au public la bonté de ces ouvrages, c'étoit ſans doute, outre la concurrence établie entre ces ſeize artiſtes, l'émulation que le Directoire avoit ſu encore faire naître entr'eux, en établiſſant, pour prix de ce concours, l'exécution des quatre grands pendentifs de la coupole.

La diviſion de l'édifice en quatre nefs inſpirera ſans doute une claſſification toute naturelle des grands hommes, dont les effigies trouveront place dans ce temple. Quelque parti que l'on prenne à cet égard, il falloit toujours adopter un ſyſtême dans la répartition des allégories, & ce ſyſtême étoit indiqué par le motif même de l'édifice.

Un monument conſacré aux grands hommes, l'eſt avant tout aux vertus & aux talens qui font les grands hommes. Il convenoit donc d'exprimer & de rendre ſenſibles tous les titres d'honneurs & de mérite dont ſe compoſe leur réputation.

Il convenoit qu'aucun homme ne pût trouver place dans cet élyſée, ſans y rencontrer au moins les ſignes correſpondans des objets qui furent autrefois le charme de ſa vie, & ſont devenus la ſource de ſa gloire.

C'eſt d'après cette idée toute naturelle que s'eſt opérée la diviſion des allégories des quatre nefs dont l'une eſt conſacrée à la philoſophie, l'autre au patriotiſme ; la troiſième aux ſciences ; la quatrième aux arts.

Mais en figurant ces emblêmes, les artiſtes ont eu l'attention de les rapporter, autant qu'il a été poſſible, au caractère de l'édifice & à la révolution, par des alluſions auſſi ſimples qu'heureuſes. La courte deſcription qui va ſuivre en donnera la preuve.

Nef occidentale.

La nef d'entrée offroit, dans la petite coupole ovale qui domine la tribune, quatre petits pendentifs jadis occupés par de petits grouppes d'anges ; ils ont été remplacés par quatre ſujets en ornemens qui, ſous les emblêmes différens de quatre animaux aîlés, repréſentent l'apothéoſe de la Philoſophie, de la Vertu, de la Science & du Génie.

Le premier pendentif, à main droite du ſpectateur, en entrant, a pour ſujet l'Hiſtoire. Son auteur, *Stouf*, l'a repréſentée ſous la figure d'une femme tranquille au milieu des éclats de la foudre, écrivant ſur les aîles du Temps les cataſtrophes & les révolutions des empires. C'eſt ce qu'on lit ſur une table que le Temps lui préſente, & encore mieux, aux débris de ſceptres & de couronnes que la Muſe de l'hiſtoire foule aux pieds.

La ſcience politique forme le ſujet du premier bas-relief, à gauche; il ſe compoſe de deux figures dont l'une eſt la Force, & l'autre la Sageſſe qui maintient le gouvernail & le faiſceau de la République : cet ouvrage eſt d'*Auger*.

Le troiſième, du même côté, eſt la Légiſlation, par *du Paſquier*. C'eſt la Science des Loix, inſpirée par l'effigie de Licurgue, qui écrit ſon code & le préſente à la République, dont une ruche fait l'emblême.

Le quatrième, à droite, eſt la Morale, repréſentée par une femme inſtruiſant un jeune homme & lui montrant cette ſentence, qui eſt la baſe de tout ordre ſocial : *Comme toi, traite ton ſemblable*. Ce bas-relief eſt de *Beauvallet*.

Nef ſeptentrionale.

La nef ſeptentrionale, ou celle de la croiſée à gauche en entrant, eſt conſacrée aux ſciences; ſes voûtes portent les attributs de la phyſique, de la géométrie, de l'aſtronomie & de l'agriculture.

La Phyſique, par *Baccarit*, ſe préſente ſous la figure d'une femme qui eſt la Science, ſoulevant le voile qui cachoit la Nature.

Son bas-relief correſpondant repréſente l'Agriculture avec ſes inſtrumens aratoires, & les productions qui ſont la vraie richeſſe des états. La Patrie lui offre la couronne rémunérative des travaux utiles. *Lucas* eſt l'auteur de ce bas-relief.

Suzanne a perſonnifié la Géométrie ſous la figure de deux femmes, dont l'une qui eſt la Théorie, ſe reconnoît à la lampe, ſymbole de l'étude. Elle dirige & conduit, dans ſes opérations, une autre figure qui eſt la Géométrie-pratique, occupée à tracer ſur le globe la nouvelle diviſion de la France en départemens.

L'Aſtronomie eſt le quatrième ſujet. Long-temps avant que le nouveau Calendrier fût décrété, le motif en avoit été tracé au Panthéon, dans le bas-relief de *Delaiſtre*. Cet artiſte y a figuré l'Aſtronomie, montrant à la Chronologie dans le zodiaque le ſigne de l'équinoxe d'automne, comme devant ſervir d'époque à la nouvelle année. La Chronologie écrit ſur un cippe ce nouvel ère de la République francaiſe.

Nef méridionale.

La nef oppoſée, ou la méridionale, eſt affectée aux arts, & ſes ſymboles en conſtatent la déſignation par des caractères non équivoques.

Chacun des bas-reliefs de ſes quatre pendentifs a pour ſujet deux figures allégoriques d'arts.

Le premier à gauche en entrant eſt de *Chardin*; l'on y voit le Génie de la poéſie, & celui de l'éloquence, qui ombragent de lauriers les portraits du plus grand de tous les poëtes, & du premier des orateurs.

La Navigation & le Commerce, l'une aſſiſe ſur une proue de vaiſſeau & appuyée ſur la bouſfole; l'autre, ſous les traits du Dieu des Marchands, & tenant le décret ſur la liberté du commerce, forme le pendant, qui eſt de *Blaiſe*.

Des deux autres, l'un, ouvrage de *Ramey*, ſe compoſe de la Muſique & de l'Architecture, ſous les traits de deux femmes, que leurs acceſſoires font aiſément reconnoître. La première tient la lyre d'une main, & de l'autre l'hymne à la Patrie; la ſeconde porte un compas, & s'appuie ſur la coupole du Panthéon.

Dans ſon pendant, fait par *Petitot*, ſe voient la Peinture & la Sculpture avec leurs attributs caractériſtiques. L'artiſte les a repréſentées tenant une couronne qui va ſe placer ſur un buſte; c'eſt celui de la Sageſſe ou de la Vertu. L'inſcription gravée ſur ce cippe, explique l'idée morale de l'artiſte, & celle que l'on doit prendre de l'emploi de ces arts dans leur application aux récompenſes qu'ils ſavent décerner.

J'ai affecté, pour les raiſons qu'on va dire, la nef du fond, ou la partie orientale du monument aux Vertus patriotiques; elles ſont exprimées dans ſes quatre pendentifs, ſous les emblêmes ſuivans : *Nef orientale.*

Le premier, à droite, ſelon l'ordre déja ſuivi dans chaque nef, a été exécuté par *Cartellier*, qui a repréſenté la Force ſous la figure d'un Guerrier, tenant d'une main la maſſue, & de l'autre la victoire. La Prudence eſt à côté de lui, qui, dans ſon langage allégorique, lui apprend que ſi la force gagne les victoires, c'eſt la ſageſſe qui les conſerve & peut ſeule les couronner.

La Bonne-Foi & la Fraternité occupent le pendant dont *Foucou* eſt l'auteur. La Bonne-Foi s'eſt toujours exprimée par l'emblême de deux mains jointes. C'eſt auſſi le geſte des deux figures que le ſculpteur a miſes en action dans ſon ſujet. Un autel ſitué au milieu d'elles, indique la ſainteté de leur ſerment.

Maſſon, chargé du troiſième bas-relief, a pour ſujet le dévouement patriotique; c'eſt un Citoyen mourant, que l'amour de la Patrie ſoutient dans le moment où celle-ci fait briller à ſes yeux la couronne civique.

Le déſintéreſſement a été rendu par *Lorta*, dans le dernier pendentif, ſous ce trait que l'hiſtoire de la Révolution a conſacré dans ſes faſtes. On n'a pas oublié que des Citoyennes de Paris furent les premières à faire offrande à la Patrie de leurs bijoux, & que ces Citoyennes étoient des femmes d'artiſtes : il étoit juſte que la main de l'art éterniſât ce ſouvenir. Il ſe trouve ici rappellé dans la figure de deux femmes, dont l'une détache ſes pendans d'oreilles, & l'autre dépoſe ſes colliers, ſes bracelets & tous ſes joyaux ſur l'autel de la Patrie.

La nef dont je viens de décrire les ornemens, se termine par une partie circulaire qui forme une espèce de niche. Une voûte ovale, correspondante à celle de la tribune d'entrée, présentoit encore au ciseau quatre petits pendentifs. J'ai pensé que rien ne pouvoit mieux convenir dans ce fond que l'effigie colossale de la Patrie, & qu'il convenoit d'y assortir aussi les sujets de la voûte.

Chevet du monument, ou l'hémicycle.

C'est donc à l'amour de la Patrie qu'elle est consacrée; il s'y trouve, sous quatre emblêmes différens, représenté par quatre Amours aîlés.

L'un est l'Amour faisant une offrande à la Patrie; l'autre en reçoit une couronne & chante ses bienfaits; le troisième combat pour elle & la couvre de son bouclier : le quatrième exprime le plaisir qu'on trouve à mourir pour sa défense. Ces quatre sujets sont de *Boquet*.

Il conviendra sans doute que le reste de cette niche participe, & à la décoration générale, & au motif de cette décoration; mais cet ensemble est subordonné à la grandeur & à l'ajustement du groupe dont je n'ai fait qu'essayer la masse & la composition sur le chassis qu'on y voit aujourd'hui, & dont les dimensions sont au-dessous de ce que l'exécution peut promettre.

Je n'ai voulu d'ailleurs, par ce projet, que faire un appel au génie de tous les artistes dans la conception de ce qu'exigeroit le local; & si j'ai

Grouppe du fonds.

hasardé cette pensée, c'est beaucoup moins pour montrer, que pour demander ce qu'on pourroit faire : c'est toujours dans la même intention que je vais en tracer ici l'esquisse.

Ce seroit sous des traits & dans une attitude semblable à ces colosses que la richesse de la matière & la magie de l'art savoient animer dans les sanctuaires de la Grèce, que devroit, selon moi, apparoître au fonds de notre monument le simulacre de la Patrie, cette véritable idole d'un peuple libre, & la vraie divinité du temple qu'elle s'est choisi.

Assise sur son trône, ses deux Génies tutélaires lui serviroient d'appui ; l'un seroit la Liberté, portant d'une main la pique surmontée de son signe caractéristique, & lui présentant de l'autre ce monument qui, après avoir été le symbole de l'esclavage, est devenu l'emblême de sa destruction. Le bras gauche de la Patrie s'appuieroit sur le Génie de l'Egalité, & offriroit aux yeux le niveau, vainqueur des préjugés, tandis que sa main droite, soutenue par la Liberté, élevcroit & feroit briller la palme qu'elle réserve aux vrais amis de la Patrie.

Ce grouppe seroit porté sur un soubassement, enrichi de bas-reliefs & d'allusions philosophiques ; de grands degrés le sépareroient du sol de l'édifice, & des autels, en forme de candelabres, brûleroient à ses côtés.

L'autel de la Patrie, élevé ſur cinq marches, feroit placé au milieu de la coupole, de manière qu'en entrant il paroîtroit arriver aux pieds du coloſſe. Quelques épreuves ont été faites de cette compoſition, plutôt pour compléter l'enſemble & arrêter l'imagination du ſpectateur, que pour devenir le modèle de ce qu'on pourra faire.

Intérieur du dôme.

Je perſiſte à penſer que, pour les diverſes inſtitutions civiques dont le Panthéon doit devenir le centre, il ſera néceſſaire d'y établir à demeure un autel propre aux cérémonies que l'uſage y réglera. L'eſſai que j'en ai fait faire, prouve que cet autel ainſi placé, aura l'avantage d'occuper le milieu de l'édifice ſans l'embaraſſer; mais le point central du monument aura beſoin d'embelliſſemens analogues. Des ſtatues du même genre que celles qui ornent le périſtile, devront orner les pans coupés des piliers du dôme; elles pourroient, quant aux ſujets, correſpondre au motif de l'autel. Rien n'empêche qu'on n'emploie à cette décoration le reſte des figures réſultantes de la diſtribution des travaux d'encouragement. Cette déciſion dépend du Directoire.

Les quatre grands pendentifs de la coupole s'exécutent. L'intention première de l'auteur du monument avoit été de les faire en métal ou en ſtuc; c'eſt pour cela qu'on ne voit aujourd'hui que leurs cadres ſans aucun boſſage pour leur

Grands pendentifs.

exécution. Tout incruſtement de pierre feroit dangereux dans cet endroit ; la conſtruction des pendentifs s'y oppoſe : il a donc fallu prendre le parti du métal ; mais le cadre lourd & ſaillant, a paru aux artiſtes chargés de ces bas-reliefs, une eſpèce d'entrave miſe au développement de leurs inventions. Il avoit d'ailleurs l'inconvénient d'être fort en ſaillie ſur les bandeaux des grands ceintres & l'architrave de l'entablement, qui ſont la bordure naturelle du pendentif ; il rapetiſſoit en outre ſon effet par une ſubdiviſion inutile. J'en ai ordonné la ſuppreſſion.

Pour contraſter avec les ſujets des ſeize pendentifs qui ſe compoſent de deux figures, j'ai penſé que de grands Génies aîlés, de la proportion de quinze pieds, occuperoient heureuſement cet eſpace. Chacun d'eux correſpond, par ſon motif & ſes attributs, aux quatre motifs généraux de la décoration intérieure ; chacun d'eux, dans une attitude & un développement différens, eſt comme le réſumé du ſujet de chaque nef.

Le premier eſt le Génie de la Philoſophie tenant le flambeau de la Vérité d'une main, un joug briſé & des chaînes rompues de l'autre ; un globe eſt ſous ſes pieds avec les emblêmes des préjugés, & le griffon qui eſt le ſymbole de l'erreur ; ſa tête eſt ornée de rayons.

Le Génie de la Vertu conſidérée ſous le rapport politique de force ou d'amour de la Patrie, lui fait pendant; il eſt coëffé de la peau de lion, il tient la maſſue & la pique qui vient de percer le monſtre abattu ſous ſes pieds.

Le Génie des Sciences avec une couronne étoilée, fait le troiſième ſujet; il tient l'emblême antique de la Nature (ou la Diane d'Éphèſe); le globe terreſtre eſt ſous ſes pieds, & la ſphère céleſte, figurée par le Zodiaque, eſt dans ſa main; il eſt accompagné du Sphinx & des inſtrumens de la Science.

Le Génie des Arts, couronné de fleurs, eſt le ſujet du quatrième; il tient d'une main la lyre, ſymbole de l'harmonie qui caractériſe tous les arts. Le pouvoir des arts & de l'harmonie ſur les mœurs des peuples & leur civiliſation, eſt exprimé par le lion enchaîné qui mord le frein que tient l'autre main du Génie.

Le premier de ces bas-reliefs eſt de *Paſquier*; le ſecond, de *Ramey*; le troiſième, de *Baccarit*, le quatrième, d'*Auger*.

La friſe continue qu'offre à entreprendre le ſtylobate intérieur du dôme, repréſenteroit la ſuite des cérémonies qui ſe pratiquent aux funérailles des grands hommes.

Ces objets terminés, reſtera le plafond à peindre, qui ne pourra s'entreprendre que l'année prochaine; ſon peu d'étendue le rendra ſuſceptible d'être fini dans le cours de la même année.

Je n'entretiendrai le Directoire ni des détails de construction partiels, soit pour la couverture des plate-formes des tours, soit pour le revêtissement extérieur des pans coupés du dôme qui sont sur le point de s'achever, ni des vitraux, chassis, rampes & autres objets que la disette ou le renchérissement des matières & des ouvriers a forcé de différer; mais il est un ouvrage important dont l'exécution paroît devoir retarder pour quelque temps encore la jouissance du public; c'est l'entreprise du pavé en marbre.

Du pavement en marbre.

Deux idées se présentoient d'abord pour le choix des marbres.

La première étoit d'y employer les marbres des carrières de France.

La seconde, d'y faire servir les matériaux provenant des églises supprimées, & dont le dépôt existe au magasin des Petits-Augustins.

De nombreuses considérations, après le plus sérieux examen, ont fait rejetter ces propositions.

La première se tire de la nature & de l'aspect même de l'édifice bâti uniquement en pierre blanche, sans aucun mélange de marbres, de dorures ou de peintures. L'harmonie générale désapprouveroit dans les compartimens de son pavé une trop riche combinaison de marbres & de couleurs variées. Il feroit difconvenant que ce trop grand éclat pût reprocher au refte de l'édifice la fimplicité de fa matière ; cette feule obfervation, indépendamment de l'économie, a fait adopter les fimples compartimens de carreaux de deux couleurs.

Cela pofé, il étoit néceffaire d'y admettre des carreaux de marbre blanc, & cette matière ne peut fe tirer que des carrières d'Italie.

L'autre efpèce de carreaux exige un marbre dont le ton ne tranche pas trop durement avec le marbre blanc, & ne foit pas non plus trop riche en couleurs : c'eft ordinairement parmi les noirs veinés qu'on rencontre plus facilement en France l'affortiment en queftion ; mais la plupart des marbres de France noirs ou veinés, connus fous le nom de Sainte-Anne, font trop tendres, & ne feroient pas d'un ufé égal à celui du blanc veiné d'Italie. Cette inégalité de dureté dans l'affemblage de différens marbres, foumis à un égal frotement, eft d'un inconvénient trop fenfible pour avoir befoin de preuves.

L'emploi de quelques autres qualités de marbres gris ou bréches de quelques carrières de France, expoferoit ou à des lenteurs interminables d'exploitation, ou à l'inconvénient de faire dépendre d'un feul entrepreneur une opération qui, par fon étendue, appelle un plus grand nombre à en partager les foins.

Enfin l'expérience de plusieurs monumens où l'on n'a employé que des marbres de France, a dû nous instruire de l'abus qu'il y auroit à suivre cet exemple. Le pavé de la coupole des Invalides, que l'on a toujours ridiculement respecté, jusqu'à défendre d'y marcher, est cependant dans un état de dégradation qui sembleroit être l'effet de plusieurs siècles. Qu'on juge de ce qui arriveroit au Panthéon, destiné à recevoir dans les cérémonies l'affluence des citoyens. Quant au pavé de la Cathédrale, fait aussi de marbre de France, il a tellement perdu son éclat qu'il faut être naturaliste pour s'appercevoir aujourd'hui qu'il est en marbre.

Beaucoup d'autres raisons ont décidé le Directoire pour le marbre blanc veiné d'Italie, & le bleu Turchin, dont la couleur est amie de l'œil, est d'un assortiment doux avec le blanc, & dont la dureté lui est égale.

Le Directoire avoit desiré qu'on pût faire emploi dans le Panthéon des marbres enlevés aux églises supprimées. De l'examen fait de tous ces matériaux, il est résulté :

1°. Que tous les fragmens incohérens & disparates, tant pour la forme que pour la couleur dont se compose le dépôt des Petits-Augustins, n'offriroient dans le pavé du Panthéon qu'un assemblage bizarre, par la contrainte où l'on feroit d'aſſujétir les deſſins du pavement aux matériaux, & non la matière au deſſin.

2°. Que toutes ces qualités, ſi diverſes pour la dureté, produiroient l'inconvénient le plus notable de tous pour un pavé, de s'uſer inégalement.

3°. Que l'inégalité d'épaiſſeur dans les dalles à employer exigeroit une aire inégale dans le maſſif qui doit les recevoir, ce qui nuit prodigieuſement à la ſolidité comme à la bonne exécution de l'ouvrage.

4°. Que dans la ſuppoſition que ces marbres fuſſent ſuffiſans (ce qui n'eſt pas à beaucoup près) la refaçon qu'exigeroit un aſſemblage ainſi varié de carreaux & de fragmens à retailler ſelon les deſſins nouveaux, feroit plus diſpendieuſe que ne pourra l'être l'entrepriſe à neuf de ce pavé.

Cependant pour tirer parti de cette richeſſe nationale, il a été arrêté que la partie d'entrée du monument, ainſi que celle du chevet qui lui correſpond, & qui étant comme des allongemens de ces deux nefs, n'entrent point dans l'enſemble général des compartimens preſcrits par les voûtes, ſe feroient avec les marbres nationaux des Petits-Auguſtins, & les citoyens Corbel, père & fils, ont pris avec le Directoire l'engagement de les y employer.

J'ai rendu compte de tout ce qui a été fait ou

projetté, tant dans l'intérieur qu'à l'extérieur du monument. Je dois compte maintenant de l'esprit & des raiſons qui ont dû ſolliciter les changemens opérés, & empêcher d'en faire d'autres.

SECONDE PARTIE.

Dire ce qu'il faut, ne dire que ce qu'il faut & le dire comme il faut, c'eſt en cela, ſuivant Quintilien, qu'eſt renſermé le talent de l'orateur.

Ce genre de mérite appartient à tous les genres d'arts; mais il eſt peut-être plus rare en architecture qu'ailleurs, parce que les bornes de la convenance y ſont moins apperçues & plus difficiles à définir.

Il eſt peut-être plus aiſé de s'y arrêter, lorſqu'il s'agit d'opérer des changemens dans un édifice déja fait, & dont les données les plus eſſentielles ne ſont plus ſuſceptibles de variation. Cependant cela même a ſes difficultés, parce qu'à l'attrait naturel que le changement a pour les hommes, ſe joint auſſi le penchant de l'amour-propre qui vous porte à ſubſtituer vos idées à celles du prédéceſſeur.

Une des choſes dont il faut le plus ſe garder, en pareil cas, c'eſt d'amener un autre genre de goût ou de ſtyle dans quelque partie que ce ſoit de l'édifice, dût ce ſtyle être meilleur; car, une fois que le contraſte s'y établit, il faut de deux choſes l'une, ou que ce contraſte y produiſe contradiction, & l'édifice devient plus défectueux, ou que, de proche en proche, on change tout ; & alors il est visible qu'il vaut mieux employer cette dépense à faire un nouvel édifice.

Ces réflexions ne paroîtront oiseuses qu'à ceux qui ignoreroient combien est actif le génie novateur des architectes, & combien quelques changemens hasardés & opérés au Panthéon, en ont fait germer de plus grands encore dans la tête & sous le crayon des artistes.

Placé au centre où viennent aboutir, pour la plupart, & les critiques & les vues nouvelles, je puis affirmer que si le recueil des projets nouveaux dont le Panthéon est devenu le sujet, pouvoit être ouvert au public, il y verroit que, chacun conservant une partie pour détruire l'autre, que chacun louant ce qu'un autre blâme, il ne devroit pas rester actuellement une pierre de l'édifice.

Au milieu de tant de projets qui se heurtent en sens contraire, il étoit sans doute de la sagesse du Directoire de ne pas perdre de vue le point auquel il devoit tendre. Cet édifice ne lui avoit pas été confié pour devenir un objet d'étude ou d'expérience; un programme proposé au génie restaurateur de tous les inventeurs de projets. S'il s'agissoit de le perfectionner, ce n'étoit pas en le recommençant; s'il étoit question d'en purifier le goût, ce ne pouvoit être qu'en y faisant de ces sacrifices commandés par l'intérêt bien entendu de la chose, & de ces réformes qui naissent du sujet.

Outre que la somme affectée par l'Assemblée nationale, pour cette opération, fixoit en quelque sorte au Directoire la mesure précise des innovations à introduire au Panthéon, je soutiens encore qu'il étoit conforme à tous les genres d'intérêt de ne rien entreprendre au-delà de ce qui l'a été.

Le Panthéon a un grand avantage sur tous les grands édifices de France; c'est d'être un édifice achevé. Assez d'autres monumens, dans leur imperfection, ont déposé de l'inconstance du caractère national. La Révolution qui doit tendre à lui faire perdre cet esprit de légèreté empreint sur tant d'objets, ne devoit pas être accusée de l'avoir reproduit dans le premier monument qu'elle consacroit à la régénération de la France.

Il est rare qu'un vaste édifice soit terminé par celui qui l'a commencé. La durée de ces travaux excède trop souvent le terme de la vie humaine. On ne cite, presque parmi les ouvrages modernes, que Saint-Paul à Londres, qui ait eu l'avantage d'être terminé dans un espace de quarante années, par le même architecte & par le même entrepreneur. Aussi, tous osfrent-ils de ces disparates de style ou de décoration au milieu desquelles on cherche le motif original & le prototype de l'auteur.

C'est bien pis encore, lorsqu'aux variétés de goût produites par le changement de mains entre lesquelles un édifice est condamné à passer, les causes politiques qui suspendent involontairement le cours de ses travaux, y amènent de ces intervalles pendant lesquels le goût général vient à changer.

Les arts, chez les peuples modernes, sont, pour bien des causes dont le développement est inutile ici, exposés à de perpétuelles vacillations. Plus l'art imitateur se trouve loin du modèle qu'il imite, plus il s'introduit de vague dans son imitation; plus aussi les yeux qui ne jugent que de l'imitation, contractent d'incertitude dans leur jugement. Tant qu'une suite nombreuse d'imitations du même genre, ne parvient point à fixer invariablement l'opinion sur la meilleure manière de voir & d'imiter la nature, ce secret reste toujours un problême autour duquel on tourne sans jamais le résoudre : de là les balancemens de l'opinion & du goût en matière d'art.

Ils ont été plus fréquens en France que dans aucun autre pays. Le Louvre, cet édifice qui devoit être sous plus d'un rapport le plus beau de l'Europe, n'est devenu qu'un monument historique

torique des révolutions du goût en matière d'architecture. Chaque génération a ſemblé vouloir s'y inſcrire, pour prendre acte des variations de ſon ſtyle & de ſon opinion. A chaque changement notable qui s'y eſt opéré, on voit bien que l'on s'imaginoit avoir perfectionné. Enfin après tant de changemens & d'eſſais deſtructeurs l'un de l'autre, on a fini par comprendre que le Louvre, avec les défauts que Pierre Leſcot y avoit laiſſés, auroit été un magnifique édifice; que ſes défauts lui étoient même néceſſaires, & que le plus grand de tous les abus ſeroit de vouloir qu'un tel édifice fût ſans défauts, ce qui ne ſignifieroit le plus ſouvent autre choſe qu'un édifice ſans caractère.

L'homme agit dans les ouvrages de l'art à peu près comme la Nature dans ſes œuvres. Il y a toujours compenſation de vices & de vertus : ſemblable aux couleurs qui ſe font valoir par leur oppoſition, la vertu ne reſſort que par ſon contraire : il n'y a peut-être rien d'abſolu au moral plus qu'au phyſique. Vous croyez qu'en ôtant à un homme le défaut que vous y appercevez il ſeroit meilleur; il ne ſeroit pas moins, mais autrement défectueux.

Vous croyez améliorer un monument en lui ôtant ce que vous appellez un défaut : votre changement lui en redonne un autre. Vous ne vous êtes pas apperçu que le premier tenoit à ſon eſſence, à ſon enſemble, vous en avez rompu l'unité & l'harmonie : vous en avez dérangé l'économie.

C'eſt ſur-tout en faiſant plus que les hommes s'imaginent faire mieux. Charles Maderne, en allongeant la nef de ſaint Pierre, augmenta ſa dimenſion & diminua ſa proportion. L'édifice fut plus long, mais moins grand. Il falloit reſpecter les plans de Michel Ange ; & la coupole, au lieu d'être devenue l'acceſſoire du monument, auroit été le monument, ce qui étoit la choſe convenable, ſur-tout quand une coupole eſt auſſi vaſte & auſſi riche.

Les novateurs du Louvre ont imaginé d'exhauſſer l'édifice d'un troiſième ordre qui prendroit la place de l'Attique. Le monument eſt devenu plus haut & ſon ordonnance plus petite. Il y avoit autrefois un grand étage ; il n'y en a plus que trois ſemblables.

La plupart de ceux qui ont reſtauré d'anciens édifices ſont tombés dans de plus groſſières fautes. Ils n'ont pas même eu le ſens ordinaire de ceux qui raccommodent de vieux vêtemens avec de vieilles étoffes : ils ne ſe ſont jamais inquiétés d'aſſortir leur ſtyle au ſtyle ancien. Si ces hommes avoient à reſtaurer la ſtatue d'Eſope, ils lui mettroient la figure d'Apollon.

Je ne sais si c'est le manque de goût ou l'amour-propre qui les a jettés dans ces incohérences : je crois que l'intérêt personnel y est entré pour beaucoup ; je crois aussi qu'on ne sauroit trop se mettre en garde contre la personnalité que les Architectes portent trop souvent dans de semblables travaux. Quand Palladio eut à restaurer la Basilique de Vicense, il ne fit pas tout ce qu'il savoit de mieux, mais bien, comme il le dit lui-même, tout ce qui pouvoit le mieux s'accorder avec l'ancien ouvrage.

Il importe encore plus d'apporter cette sobriété dans un édifice qui est moins à restaurer qu'à terminer, lorsque sur-tout cet édifice doit faire époque & marquer son siècle. Ce seroit en quelque sorte altérer l'Histoire & mentir à la postérité, que d'en rajuster après coup l'ordonnance ou d'en refaçonner tous les détails.

Ce genre d'infidélité annonceroit aussi une disette peu honorable de monumens dans un pays. Semblable à cet ancien statuaire qui, de l'argile dont se formoient les pieds de sa figure, en refaisoit la tête, pour finir par une figure qui n'avoit ni pieds ni tête, on verroit un peuple faire & redéfaire sans cesse le même monument, & se livrer au ridicule de ce vers qu'Horace sembleroit avoir fait tout exprès pour lui :

Diruit, edificat, mutat quadrata rotundis.

Ce feroit encore une queftion affez digne d'occuper les Artiftes, que de favoir jufqu'à quel point s'étend le droit de propriété d'un Auteur fur fon ouvrage, & où devroit s'arrêter celui de la fociété fur les réformes qu'elle peut y opérer. Je ne vois pas pourquoi l'on fe permettroit fi hardiment en architecture ce que l'on fe croiroit interdit dans tout autre art. Je crois qu'on doit à la penfée d'un homme, lorfqu'il l'a léguée à peu près entière, un certain ménagement qui, fans être de la fuperftition, fe compofe auffi des égards dus à fa mémoire.

Pour favoir donc jufqu'à quel point on pouvoit innover dans le Panthéon, & à quel point il convenoit de s'arrêter, deux chofes principales étoient à apprécier; fa valeur & fon mérite, fous les rapports du goût & de l'architecture, & puis fa propriété relative à la deftination nouvelle qui lui étoit affignée.

Evidemment, les changemens à opérer ne pouvoient y être dictés que par l'une & l'autre de ces deux confidérations.

J'examinerai d'abord le monument, tel que Soufflot l'a laiffé, fous le rapport de l'art. Je confidérerai enfuite le monument dans fon application au nouvel ordre de chofes. J'efpère que cet examen donnera pour résultat, *qu'on y a fait ce qu'il falloit, que ce qu'il falloit, & comme il le falloit.*

Du monument considéré sous le rapport de l'art.

Lorsqu'on considère en quel état étoit l'architecture au milieu de ce siècle, à l'époque où Soufflot conçut & donna le projet de son temple, il faut convenir qu'il y eût eu en lui une sorte de mérite révolutionnaire. Les premiers pas, comme ils sont les plus difficiles, sont aussi souvent ceux qui se marquent par le plus d'audace. Il y en avoit dans le coup d'essai de Soufflot, & cet essai n'a pas encore été surpassé.

Il y eut en lui du mérite à laisser les routes triviales que la routine rebattoit depuis un siècle dans la forme & la composition des temples; il y en eut à dédaigner les formes capricieuses dont les Boromini & les Guarini avoient infecté l'architecture; il y en eut à rappeller les maximes pures & sages de la modinature qui avoient disparu en France, depuis Perrault. Mais ce qui constitue son principal mérite, c'est d'avoir tenté le premier, en France, d'introduire les ordres & les colonnes isolées, tant à l'intérieur qu'au dehors des édifices.

Le goût de bâtir tient beaucoup plus qu'on ne pense aux moyens de bâtir, & ces moyens dépendent beaucoup du climat & des matériaux. La France n'exploite pas de ces carrières dans lesquelles la nature a taillé elle-même des colonnes & des solives de marbre. La belle pierre commune des environs de Paris, se trouve par lits épais de 12 à 15 pouces ; sa tenacité, sa densité, les variations du climat ne permettent pas un genre d'emploi si simple que chez les anciens.

Il faut le dire, c'est plutôt par petites pierres en appareil & par remplissages que la nature indique de faire ici les grandes constructions. Lorsque les Romains y bâtirent, ils suivirent cette indication, selon leur usage, d'obéir dans chaque pays, aux données de chaque pays. Les Thermes de Julien en font foi. Les Goths avoient su faire, avec ce genre de bâtir, les plus immenses constructions. Depuis le retour de l'architecture grecque en Europe, chaque pays l'avoit su accommoder & à ses usages, & à ses moyens. L'usage des pilastres, des piédroits, des arcades & des portiques étoit devenu, en France, comme le seul susceptible de l'application des ordres grecs. Perrault introduisit un spectacle nouveau, lorsqu'il découvrit son péristile du Louvre. Il faut voir, cependant, aux armatures de fer dont il crampona ses plate-bandes & à l'accouplement de ses colonnes, combien il redoutoit cette méthode inusitée, d'employer les colonnes isolées. Ce trait de hardiesse n'eut pas d'imitation, ou n'en eut que dans la chapelle de Verſailles, monument qui, par ſa petiteſſe & ſon genre mixte de conſtruction, ne pouvoit pas influer ſur les grandes conceptions de l'architecture.

Soufflot voulut enfin faire avouer à la France que ſes moyens de conſtruction, que ſes matériaux, que ſon climat pouvoient ſe prêter à un mode d'architecture qu'on avoit cru juſqu'alors incapable de s'y naturaliſer. Il voulut avec des aſſiſes de douze pouces, & par le moyen des claveaux en plate-bandes, faire plus & plus haut que le Panthéon de Rome, malgré les marbres & les granits qui lui aſſurent une éternelle ſolidité.

Il voulut que des colonnes iſolées dans ſon intérieur, du galbe le plus élégant, & dans les proportions les plus fines, ſerviſſent de ſupport à des voûtes en pierre ; il voulut enfin qu'une coupole épurée dans ſes détails, ſervît de centre à ſon monument, & que ſes points d'appui, réduits au *minimum* d'épaiſſeur, pour altérer le moins poſſible la diſpoſition & l'ordonnance du plan, euſſent cependant la ſolidité néceſſaire au ſupport d'une conſtruction formée de trois voûtes en pierre de taille, la ſeule qui exiſte ainſi en Europe. L'accord de tant de choſes nouvelles offroit des ſolutions aſſez ardues, ſur-tout dans un coup d'eſſai.

C'eſt une choſe à remarquer, que ſouvent les hommes, à force de croire les choſes difficiles, les rendent telles, & qu'ils font le plus pour n'avoir pas cru pouvoir faire le moins. Soufflot, pour éviter la pouſſée des plate-bandes ſur les colonnes du front de ſon périſtile, pouſſée qu'il pouvoit éviter par une autre diſpoſition de colonnes, aima mieux voûter que plafonner ce périſtile; il chercha alors des points d'appui ſur les côtés de ſon portique. L'étendue de cette voûte, ainſi pratiquée, en avoit beſoin; il lui fallut renforcer ſes flancs de deux colonnes, & d'un reſſaut dans l'entablement. Ce défaut de diſpoſition tient tellement à la ſtructure du périſtile, qu'il en eſt tout à-la-fois le principe & la conſéquence: cette voûte intérieure lui a procuré un exhauſſement tel que l'eſpace en eſt devenu ingrat à la décoration. Voilà les principaux défauts de ce périſtile, auquel on peut encore reprocher de la molleſſe dans les entre colonnemens, trop de hauteur dans les proportions des colonnes, & l'emploi des cannelures qui les attenuent encore, quoiqu'elles aient été faites dans l'intention de développer par l'évaſure des canaux plus de la moitié du diamêtre à la vue.

Ceux qui ne conſidèrent que ſur le papier & d'après des plans, la rectification de ce périſtile, peuvent la juger facile & peu diſpendieuſe. Il n'en eſt pas de même lorſqu'on connoît à fond sa structure, ses armatures, la correspondance de ses parties & la liaison qu'elles ont entr'elles; le moindre changement en opéreroit la ruine entière. Après avoir déplacé des colonnes de soixante pieds, il faudroit en réédifier d'autres sur un plan nouveau, il faudroit perdre au moins un million de dépense, & y en employer un autre. Je ne pense donc pas qu'après la rénovation totale de sa sculpture, après la suppression des objets inutiles, après la simplification du mur du *Pronaos*, après l'addition des sujets nouveaux de décoration, il se trouve un seul homme, capable de me reprocher de n'avoir pas fait là un autre péristile, ou, ce qui est l'équivalent, de n'avoir pas supprimé les défauts adhérens au plan d'un péristile, après tout, le plus grand que l'on connoisse, imposant par sa masse, d'une ordonnance régulière, & d'une exécution qu'on peut blâmer du côté de l'art, sans cesser d'en admirer l'artifice.

Je dirai la même chose de la coupole, cet ouvrage qui à la singularité d'offrir trois voûtes en pierre inscrites l'une dans l'autre, joint la solidité & la pureté de formes la plus grande qu'on ait encore vue dans ce genre.

Je sais tout ce qu'on peut objecter contre ce genre de construction, on le renfermeroit en un seul mot; c'est l'apostrophe du poëte à la sonate : *Coupole, que me veux-tu?*

C'eſt un défaut dans notre édifice d'avoir voulu y réunir tant de choſes, & de n'y en avoir pas ſu mettre une entière. En architecture, quelque monnoie qu'on vous donne d'une pièce, on ne vous en donne jamais l'équivalent; & c'eſt là qu'on peut dire que deux moitiés ne valent pas un tout.

Il y avoit de quoi faire avec la moitié du Panthéon, un édifice qui fût du double plus grand.

Ç'a été une ſeule fois une belle choſe qu'une coupole placée au centre d'une croiſée, & portée ſur les reins de quatre voûtes; mais il ſemble que ce ſoit comme ces bons mots qu'on affadit en les répétant. Il ne devoit plus être permis d'en faire après Michel Ange, ou il devoit être permis d'être plus que Michel Ange.

Ce ſont ſouvent de fauſſes alluſions qui produiſent de fauſſes analogies. Bramante avoit voulu élever le Panthéon ſur les voûtes du temple de la Paix. Soufflot a peut-être cru élever la coupole de Saint Pierre ſur le périſtile du Panthéon. Mais que peut-on mettre au deſſus d'un périſtile de cent pieds, qui ne ſoit ou trop petit, ou trop grand?

Il faut l'avouer, ſur-tout après tant d'expériences, quelque plaiſir qu'on puiſſe trouver à décorer l'aſpect des villes par ces vaſtes couronnemens qu'on appelle des *dômes*; quelque plausibles que soient, sous quelques rapports, ces dispendieuses constructions, elles tiennent plus aux idées composées qu'aux idées simples de l'architecture; quelque vanité que le génie de la construction puisse y mettre, elles disparoîtront devant l'orgueil de la simplicité; on reconnoîtra qu'elles sont des espèces de superfœtations architecturales, dont l'inconvénient est de compliquer les plans, de multiplier les ressources parasites, d'éterniser les travaux, d'augmenter les dépenses, pour introduire dans les édifices un double motif qui en rompt le premier mérite, savoir, l'unité.

Cependant comment ajuster le point central d'un édifice à quatre nefs? Il faut une coupole, & tant qu'il sera impossible de faire que le Panthéon français n'ait pas quatre nefs, il sera ridicule de prétendre qu'il ne lui faut pas une voûte centrale. Si cette dépense de plusieurs millions n'étoit pas faite, on pourroit balancer à l'entreprendre; mais songer à supprimer cette coupole aujourd'hui qu'elle est achevée dans toutes ses parties, aujourd'hui qu'elle est devenue le complément nécessaire d'un tout, fait pour elle & pour lequel elle est faite, je ne crois pas qu'on puisse s'arrêter à combattre sérieusement cette idée.

Je ne sais si elle a jamais acquis une certaine consistance dans aucun esprit : mais il est des projets plus accrédités ; tels sont ceux qui tendent à la changer, à en remodifier les formes, & à la réduire à la galerie ou colonnade circulaire qui l'environne, en y pratiquant, à la place de ses trois voûtes surhaussées & pyramidales, une couverture extérieurement surbaissée, dans le goût du Panthéon de Rome.

Voilà aussi-tôt de nouvelles allusions & de nouvelles analogies. Les uns voyent dans ce changement la rotonde d'Agrippa ; les autres, le tombeau d'Adrien : car telle est la manie des modernes ; il faut toujours voir avec un verre, & point avec ses yeux ; il faut toujours supposer qu'on est un autre.

Ceux qui proposeroient ces projets en ignoreroient les difficultés, & se feroient illusion sur leur réussite ou leur bon effet.

Quand il seroit possible de songer, à force de destructions, en abattant les deux coupoles extérieures & reconstruisant la coupole intérieure, d'en produire une qui ressembleroit plus au Panthéon d'Agrippa qu'au Dôme de Saint-Pierre ou de Saint-Paul, qu'en résulteroit-il ? On n'auroit satisfait à aucune des règles de goût ou de convenance qui demandent la suppression des coupoles : on n'en auroit pas moins un édifice imposé sur un édifice ; on n'en auroit pas moins une maſſe deſtructive de la maſſe du périſtile : on n'auroit répondu à aucune objection, remédié à aucun inconvénient ; ſeulement on auroit un couronnement qui couronneroit moins un amortiſſement, moins amortiſſant.

La maſſe extérieure de la calotte du Panthéon de Rome ne plaît que parce qu'elle a la forme de la néceſſité ; l'Architecte n'y a rien voulu mettre pour la décoration extérieure. Elle eſt bien comme elle eſt, parce qu'elle eſt pour elle & ſur elle-même. Mettez-la en ſpectacle ſur un autre édifice ; faites-lui jouer un rôle décoratif, elle n'y eſt plus propre : ce ſeroit un contre-ſens ; elle deviendroit mauſſade & peſante.

Mais que ſera-ce encore, ſi la coupole que vous voulez réduire à cette forme n'a que la moitié du diamètre de la rotonde, & ſe trouve placée à 200 pieds d'élévation ? vous ne feriez qu'une meſquine ſingerie & un véritable hors de propos.

Ne conſerver que la colonnade, en ſuppoſant la poſſibilité d'une couverture extérieurement inviſible, me paroît une autre puérilité. Que fera là cette colonnade ? à quoi ſervira-t-elle ? par quoi ſera-t-elle motivée ? Si une coupole qui eſt toujours une voûte, & ſous ce rapport au moins toujours utile, eſt un hors-d'œuvre, que faudroit-il penſer d'une colonnade qui ne ſupporteroit rien, & repréſenteroit là comme ſur un ſurtout de deſſert?

Il n'eſt donc pas plus poſſible de penſer à changer la coupole que de la ſupprimer. Les modifications qu'on s'y eſt permiſes ſont les ſeules admiſſibles : il falloit, & l'on pouvoit ſans inconvénient, changer ſon amortiſſement, remplacer ſa lanterne par un ſocle de bon goût & par une ſtatue caractériſtique. L'on pouvoit, & l'on doit placer des ſtatues ſur ſa colonnade extérieure. On pourra faire diſparoître auſſi ſes côtes & en diminuer la pointe : du reſte, on doit ſe trouver heureux que les défauts qu'on lui reproche, ſoient plutôt ceux du genre que ceux de l'eſpèce, & appartiennent plus au goût général des coupoles qu'au goût particulier de celle-ci, dont la forme peut être critiquée, mais dont les détails & l'ajuſtement ſont purs. Je ne parle pas de ſa conſtruction qui en eſt peut-être la choſe la plus remarquable, & qui ſuffiroit ſeule pour la faire reſpecter, ſi jamais l'opinion publique pouvoit donner de la conſiſtance aux projets de quelques artiſtes, qu'il faut employer à faire du nouveau, plutôt qu'à rajuſter de l'ancien, à vaincre ce monument, mais non à le détruire.

Tous ces changemens, s'ils étoient plausibles, auroient d'ailleurs le grand inconvénient d'introduire un nouveau style dans l'ensemble du monument, il cesseroit d'être du même contexte; le nouveau ne paroîtroit pas meillleur, & l'ancien seroit pire. Qui sait encore où s'arrêteroit cette transmutation, lorsque de proche en proche on voudroit assortir le nouveau à l'ancien? & si le plan, la construction & l'ossature de l'édifice y devoient mettre un point d'arrêt insurmontable, qu'auroit-on gagné à un changement partiel, que d'ajourner indéfiniment la jouissance & l'emploi du monument?

Cette observation a dû servir encore de guide dans les réformes de l'intérieur.

Le plan en est sans doute par trop varié. Quoiqu'heureux dans son genre par ses dégagemens, ses points de vue & je ne sais quoi de pittoresque, il appartient trop (on peut le dire encore) à l'architecture de décoration.

Mais ce plan a été combiné pour ses voûtes, & pour multiplier, en les divisant, les poussées & les résistances. Le systême de leur construction participe au systême des Gothiques. C'est à cela que tiennent ces légèretés de voussures, ces lunettes & ces évuidemens, qu'on voudroit ne pas trouver mélangés avec le systême franc & régulier de l'architecture grecque & de ses ordres.

Lorſqu'on veut tout avoir, on n'a d'ordinaire qu'un peu de tout. Les ordonnances des colonnes ne comportent pas la hardieſſe & la péſanteur des voûtes en pierres. Les anciens ont toujours plafonné ſur les colonnes; c'eſt ce qu'indiquent la nature & le bon goût; nous ne connoiſſons pas encore de grandes voûtes en berceau, portées par des colonnes iſolées : cela ſe fera peut-être; mais c'eſt parce que la choſe n'avoit pas encore été faite en grand, que Soufflot voulant en approcher, n'a cru pouvoir y arriver que par la méthode des Gothiques.

Il faut encore en ce genre ſurpaſſer cet édifice, mais renoncer à le corriger. Il n'offroit d'autres réductions que celles des ornemens qui y avoient été prodiguées.

En général un certain eſprit de mode mène les artiſtes; mais il n'a dans aucun art plus d'aſcendant que dans l'Architecture; il tient à des cauſes générales; il réſulte auſſi de quelques autres qui ne ſont qu'accidentelles. Des découvertes de monumens remarquables d'antiquité, ont ſouvent donné lieu à ces courans de mode, dans leſquels on voit toute une génération ſe laiſſer entraîner.

Ainſi, de nos jours, les monumens d'ordre Dorique Grec, mieux vus & plus fidèlement deſſinés par les voyageurs, des reſtes découverts

verts dans l'antique Possidonie, ont tout-à-coup fait rebrousser l'Architecture du style élégant au mode le plus austère. Cela est tellement venu, comme dans le commerce, affaire d'assortiment, que pour quelqu'objet que ce soit, vous ne trouveriez plus aujourd'hui du Corinthien chez aucun architecte : *ils n'en tiennent plus.*

Du temps de Soufflot, les ruines de Palmire & de Baalbeck étoient en vogue. Les voyageurs Anglais venoient de publier leur bel ouvrage sur ces restes mémorables, monumens du plus grand luxe auquel soit parvenu le Corinthien. Soufflot tendit toutes ses cordes sur ce ton ; il chercha la plus grande richesse : mais il prit souvent le change, sa richesse devint superfluité & bientôt mesquinerie. Il ne fut pas bien servi non plus par ceux qui lui brodoient son monument. Choix commun d'ornemens en quelques parties, exécution précieuse, mais aride & maigre, mauvaise entente dans la distribution des masses & des détails : bref, l'effet ne répondit pas à son attente.

Ce fut une heureuse occasion que celle qui donna lieu d'élaguer toutes ces superfluités, de simplifier, & de remettre dans l'ornement quelque chose de plus grave & de plus tranquille.

C'est à cela que tous les soins ont dû tendre, comme aussi à dégager l'intérieur de toutes les formes, de mode auxquelles un artiste est toujours condamné à facrifier, parce qu'avant d'être foi-même, on eft prefque toujours obligé d'être comme ce qui nous entoure.

L'opinion eft comme l'air environnant, on la refpire fans le favoir ; on croit lutter contre le courant, & l'on ne trouve fon point d'appui que fur la nacelle qui nous emporte.

J'ai dû faire ces réflexions, moins pour me juftifier de n'avoir pas été plus entreprenant dans l'édifice qui m'étoit confié, que pour offrir un préfervatif contre les dangereufes tentatives de l'efprit novateur. Jai dû faire voir auffi que ce n'étoit pas un refpect religieux pour ce monument, que ce n'étoit pas une aveugle déférence qui m'avoient induit à en ménager les erreurs. C'eft au contraire pour les avoir plus approfondies que je les ai jugées moins corrigibles, parce qu'elles font le réfultat du goût du fiècle, plus encore que de l'homme, & parce qu'elles tiennent à un vafte enfemble qui, de quelque manière qu'on le juge, eft encore le plus beau des grands édifices qu'il y ait en France, & étoit un des plus propres à la deftination qu'on lui a affignée.

De l'édifice dans fes rapports avec la deftination actuelle.

Si le monument qu'on a confacré aux grands hommes, l'eût été fous le feul rapport de Cœnotaphe, s'il n'eût dû fervir que de dépôt à leurs cendres, il faudroit avouer que fon enfemble, fon mode & fa décoration euffent mal répondu au caractère sépulchral qu'un tel sujet devoit exiger.

Quelque soin qu'on eût pris d'en réformer les défauts, il étoit impossible d'en changer l'ordonnance & le style, & rien n'eût été plus mal assorti à cet emploi exclusif, que la richesse des ornemens, & l'élégance d'un ordre Corinthien.

Mais, en s'appliquant à sa destination nouvelle, l'édifice a eu l'avantage de ne pas avoir un trop grand contraste à vaincre. C'est moins en effet un séjour de mort qu'un séjour d'immortalité ; c'est moins un hypogée, dont les formes graves & sérieuses doivent annoncer le silence des tombeaux, qu'un temple ouvert au culte des grands hommes ; enfin si nul n'y reçoit les honneurs qu'après sa mort, c'est plutôt sous les signes de l'apothéose & d'une consécration philosophique, que sous les emblèmes de la mortalité. Si ce lieu doit recevoir des monumens, ce sont des effigies vivantes des grands hommes ; & si l'on peut se le figurer dans son état de perfection, c'est plutôt sous le rapport d'une galerie d'illustres portraits que sous celui de catacombes.

Son inscription l'annonce aussi pour un temple, & le nom que l'usage lui a déjà donné, le nom de *Panthéon*, indique assez que si dans d'autres tems on a adoré la divinité sous la figure de l'homme, c'est ici les vertus de l'homme qu'on doit y révérer ſous le titre de la divinité dont elles empruntent le nom.

Le culte des grands hommes ou des vertus, & celui de la Patrie ſont inſéparables dans ce lieu : on ne peut honorer les effets ſans en révérer la cauſe. L'analogie toute ſeule améneroit donc dans ce temple les diverſes inſtitutions civiques dont ſe doit compoſer une religion patriotique. Sous ce rapport, il falloit un édifice ſpacieux, éclairé, dont l'étendue cependant ne ſortît pas des bornes que preſcrit la nature, ſoit à la portée de la voix, ſoit aux facultés viſuelles.

Je ſuppoſe qu'il s'agiſſe de prononcer une harangue funèbre ; il ne peut guères exiſter de local plus capable, par ſon point central & ſes quatre nefs, de réunir autour d'un Orateur un plus grand nombre d'auditeurs. Quelle que ſoit la cérémonie qui s'y pratique, les tribunes ſupérieures que le bon goût de l'architecture peut y blâmer, trouveront alors un emploi dont on regretteroit la privation. Deſtiné à devenir une eſpèce de théâtre ſouvent ouvert à des fêtes nationales, le Panthéon offrira dans ſes détails, dans ſes acceſſoires & dans ſon enceinte, lorſqu'elle ſera terminée, des reſſources que l'on ne ſoupçonne point. Cet édifice a beſoin d'être employé : tant qu'il ſera, ſi l'on peut dire, vacant, tant qu'on n'y verra qu'un ouvrage d'architecture ou de ſculpture à améliorer & à ragréer, l'opinion publique n'y apportera point ce concert d'approbations que l'habitude & l'uſage ſavent produire. Un ouvrage que l'on fait, eſt comme un homme vivant ſur le compte duquel l'opinion ne ſçauroit s'aſſeoir : il faut que la dernière main y ſoit miſe, pour qu'un jugement définitif puiſſe s'y établir. Mais cette dernière main ne peut être ici que celle de la philoſophie qui en ſera l'inauguration.

Il étoit difficile toutefois d'eſpérer d'un édifice qui n'avoit pas été conçu pour cette deſtination, un enſemble qui y fût plus propre. Il falloit que pour ſatisfaire à ſa nouvelle vocation, il pût offrir un lieu de repos ſéparé, aux reſtes inanimés des grands hommes. Son ſouterrain s'y eſt trouvé merveilleuſement propre. Outre les vaſtes berceaux dont il eſt percé dans tous les ſens, il s'y eſt rencontré un local qui ſemble avoir été conſtruit exprès pour cet objet. Soit qu'on y dépoſe les corps dans des tombes ſimples, ſoit qu'on les y range ſous la forme de gaînes ou de termes, à la mode des Egyptiens, & adoſſés contre les murs, ce ſouterrain d'honneur peut en renfermer un très-grand nombre, avant qu'on ait beſoin de recourir au reſte des caveaux dont on a parlé. Il n'y avoit rien à changer dans ce local, que d'en diminuer la lumière, ce qui a été fait ; & de lui donner au chevet de l'édifice, une entrée caractéristique, ce qui reste à faire.

Dans le nouvel ordre d'idées que réclamoit la nouvelle institution du Panthéon français, il étoit heureux qu'une semblable distinction pût s'opérer par le fait, comme l'esprit de la chose l'exigeoit aussi, entre les tombeaux des grands hommes, & les monumens de gloire que l'art doit leur consacrer. Il n'eût pas convenu que des sarcophages, tristes dépositaires des dépouilles humaines, se fussent mêlés aux simulacres honorifiques qui doivent composer l'assemblée toujours vivante des bienfaiteurs de la Patrie.

Mais quel édifice pouvoit offrir à cette réunion & de plus nombreuses galeries & des portiques plus variés, & une circulation plus commode aux admirateurs des monumens de tout genre, dont le temps formera la rare collection ? Quel plus beau champ pouvoit s'offrir au génie qui saura les varier, que cette galerie prolongée & tournante autour de l'édifice, & dont chaque entre-colonnement attend & sollicite de la munificence nationale, soit les statues déjà érigées aux grands hommes passés, soit les moyens d'en exécuter de nouvelles ?

On voit donc que la destination actuelle de

notre monument, par la nature des inſtitutions qui s'y attachent, offrant un mélange d'emplois & de caractères, ſe combinant des idées de ſépulture & de temple, de fêtes & de monumens hiſtoriques, ne s'eſt pas trouvée mal en rapport avec les principales données qu'il n'étoit plus permis de changer.

On voit encore qu'indépendamment des réformes ordonnées par le goût dans tout ce qui n'a rapport qu'à l'art, il étoit moins queſtion d'y chercher un caractère excluſif & ſpécial, que de tendre à ſupprimer tout ce qui pouvoit rappeller les anciennes idées, ſoit à l'extérieur, ſoit à l'intérieur, & de rajouter tout ce qui pouvoit y rendre liſible l'intention actuelle.

C'étoit ſur-tout à la ſculpture qu'on devoit être redevable de cette métamorphoſe. Quel que puiſſe être le langage de l'architecture, & quelque valeur que les hommes qui entendent ſes conventions puiſſent lui donner, on ne doit pas ſe le diſſimuler, il eſt de nul effet pour le plus grand nombre.

Il faut en convenir auſſi, de tous les arts c'eſt celui dont les moyens ſont les plus bornés, ſur-tout pour exprimer des nuances d'idées; il n'a que trois tons, & ſes demi-tons ſont ſouvent des conſonances. L'architecture d'ailleurs agit moins ſur les ſenſations, que par réflexion ſur les facultés de l'entendement : elle n'a point de prife fur nos affections & fur la partie fenfitive de notre ame. Mais les reffources de la fculpture lui rendent ce qui lui manque : elles expliquent ce qui étoit indécis ; elles développent ce qui étoit caché. La fculpture eft en quelque forte le truchement de l'architecture.

J'ai cru qu'il falloit n'en pas être avare dans ce monument, & il ne tiendra pas à moi que, fauf les menagemens dus à l'accord néceffaire entre les deux arts, on ne l'y emploie encore avec moins d'économie.

On a eu, dans la première partie de ce rapport, un apperçu du fyftême d'allégories que j'ai crues applicables au vrai caractère de l'édifice. Il y avoit dans le choix des fujets plus d'un parti à prendre, mais il falloit opter entre les motifs hiftoriques & ceux de l'allégorie.

Quant aux faits, ils devoient fe prendre parmi ceux de l'hiftoire ancienne, ou de l'hiftoire des Français, qui ne pouvoit dater que de la Révolution.

J'ai cru que, dans ce premier monument national, on devoit enfin renoncer à fe voir tributaire des anciens ; qu'il falloit enfin s'appartenir à foi-même, & que les effigies des Grecs & des Romains devoient ceffer de figurer, là où commenceroient à briller celles des Français devenus libres.

Il devenoit par trop hasardeux aussi de confier si-tôt à la sculpture plusieurs des faits de la Révolution, que l'histoire n'a pas encore dégagés des personnages qui en furent les instrumens, pour les donner tout entiers au peuple qui en fut le moteur.

Les traits d'histoire copiés de si près, ressemblent aux objets qu'on voit à la loupe ; il eût fallu sacrifier des vérités locales & accidentelles à la vérité générale ; il eût fallu effacer des figures, ou se résoudre à les voir effacer par le temps : d'ailleurs, comme j'ai déja eu occasion de le dire, ce monument, quoiqu'il soit l'ouvrage de la Révolution, ne lui a pas été spécialement consacré. L'histoire de celle-ci devra trouver place dans les temples que la liberté va voir s'élever de toutes parts ; il falloit ici chanter ses effets plus que ses actions, & célébrer son règne plutôt que sa conquête.

C'étoit donc à l'allégorie qu'il falloit confier ce soin.

L'allégorie semble offrir un champ qui n'a de bornes que celles de l'infini ; cependant ses moyens sont aujourd'hui plus circonscrits qu'on ne le pense. Toutes nos idées sont prises des corps & de la matière : les signes qui les représentent en sont aussi empruntés. Voilà pourquoi, dans l'enfance des sociétés, les idées sont simples, comme le langage & l'écriture, qui n'en font que la peinture. On eſt plus près des objets qui leur ſervent de type. Elles font auſſi moins multipliées, parce que les beſoins de la ſociété & les rapports qu'elle amène font peu nombreux. A meſure que ceux-ci ſe compliquent, les idées, de ſimples qu'elles étoient, deviennent compoſées; le langage par figures & l'écriture par ſignes ceſſent d'être de miſe, parce qu'il n'y a plus ni aſſez de figures entières, ni aſſez de ſignes complets pour exprimer toutes les combinaiſons de la penſée. Vient alors le règne des abſtractions avec les ſubtilités de la métaphyſique, & enfin on fait une ſcience de l'art même d'expliquer les mots.

Dans cet état de choſe, l'allégorie qui n'eſt qu'un langage par figures ou une écriture par ſignes, doit perdre ſa valeur; mais cette langue a encore le déſavantage, par le peu d'emploi qu'on en fait, d'être ſuſceptible d'équivoques ſans nombre. Les artiſtes ont contribué beaucoup à en augmenter la confuſion, parce qu'ils y ont vu plutôt des ſujets propres à exercer leur génie que des ſignes dont il falloit reſpecter les conventions; de là l'incertitude & la diſette même des caractères de cette écriture emblêmatique.

Je ſais, auſſi bien que tout autre, qu'on peut faire tout dire à l'allégorie; mais je ſais auſſi, qu'après avoir appris aux uns à parler ce langage, il faudroit apprendre aux autres à le comprendre.

Je n'ignore aucune des conceptions philosophiques & scientifiques auxquelles ce langage peut donner du corps.

Dans les sphères de l'abstraction & dans les régions de la métaphysique, l'on est toujours sûr d'être sublime ; mais on court le risque de ne l'être que pour soi. Il faut à tous ces sujets une clef, & un bien petit nombre sait en user. On finit par faire des mystères ; & avec des mystères, on ne produit que de la superstition & de l'ignorance.

Je n'ai donc pas cru devoir aller chercher dans les espaces d'une métaphysique subtilisée les sujets d'allégorie qui devoient animer le corps de notre architecture.

C'est dans les motifs simples de l'édifice, & non dans le vague des généralités, que j'ai puisé les sujets de sa décoration. J'ai voulu que tous fussent clairs & à la portée de tous ; j'ai voulu qu'ils expliquâssent le monument & n'eussent pas besoin d'être expliqués par lui.

Ceux, d'ailleurs, dont la tête pourroit concevoir un système fortement combiné d'allégories & de sujets propres à un monument philosophique, conviendront sans peine qu'il faudroit, pour le réaliser, deux conditions qu'on ne pouvoit pas réunir ici.

La première seroit la libre disposition des emplacemens propres a recevoir les sujets, & ici toutes les données exiſtoient & n'étoient plus ſuſceptibles de changement. Tous les eſpaces étoient tracés, & il a fallu écrire ſur des pages toutes taillées.

La ſeconde auroit été le choix des moyens, & par cela, j'entends celui des artiſtes dont les talens & le génie auroient été le plus exercés aux conceptions de l'allégorie ou au développement qu'elles exigent.

S'imagine t-on, de bonne foi, qu'il ſera jamais poſſible d'établir un grand ſyſtème d'idées & de décoration dans un monument, tant que les artiſtes ſe croiront en droit de s'en diviſer par portions égales tous les ſujets, & de s'en répartir l'exécution comme d'un bien commun ? Eſt-ce ainſi, je le demande, que ſe ſont exécutés les monumens de l'antiquité ? Que deviendroit l'unité de penſée & de motif, au milieu de tant de diſparates, de ſtyle & d'exécution ? Si la diviſion du travail a perfectionné les arts méchaniques, parce qu'elle concentre en un très-petit cercle la perfection à laquelle chacun doit atteindre, & que de ces petites perfections, indépendantes l'une de l'autre, réſulte la perfection générale qui n'eſt que le fini des parties, ou leur prompte exécution, s'imagine-t-on qu'on puiſſe ainſi méchaniſer les procédés du génie & les réſultats de la penſée ?

Ne voit-on pas qu'un monument n'eſt qu'une grande penſée diviſible, ſi l'on veut, par l'analyſe de ſes parties, mais indiviſible, quant à l'ame ou au principe qui les doit réunir en un tout ? Un monument parfait ſeroit celui qui pourroit recevoir l'exiſtence de la main ſeule de l'homme qui en a enfanté le projet. C'eſt parce que cette poſſibilité n'eſt qu'une chimère, qu'un édifice parfait eſt un être de raiſon. Mais il eſt à remarquer que c'eſt en proportion du plus ou du moins d'action immédiate d'un architecte ſur ſes coopérateurs, & du plus ou du moins d'influence directe de l'auteur ſur l'exécution de toutes les parties, qu'un édifice acquiert la perfection qui lui eſt propre. Voyez ce que deviennent les meilleurs projets livrés aux entrepreneurs, c'eſt-à-dire à la routine & à la ſeule direction des procédés méchaniques.

Comment donc peut-on prétendre aſſujettir l'inventeur d'un projet à recevoir d'un concours dont il ne ſeroit pas le juge, les collaborateurs de ſon invention, les traducteurs de ſes penſées, ou pour mieux dire, ſes co-inventeurs ? Et s'il n'y avoit qu'un petit nombre d'hommes initiés dans ces conceptions ſavantes, qui pût s'aſſocier aux travaux de l'architecte, comment pourroit-on exiger de lui un partage diſtributif dont le moindre inconvénient ſeroit de détruire la reſponſabilité morale qui doit peſer ſur lui ?

On ſentira, en approfondiſſant l'idée de concours & celle de concurrence, qu'elles ſouffrent une foule d'exceptions, sur-tout par rapport aux travaux qui font partie intégrante de l'architecture. Je n'ai effleuré ici cette observation que pour faire sentir encore, au milieu de quelles difficultés nées des circonstances, il a fallu faire marcher les travaux du Panthéon, & combien il devenoit nécessaire, vu la répartition de ces travaux en tant de mains, d'adopter des idées simples, susceptibles de se rallier aisément à un motif clair & intelligible, & de se raccorder par leur connexion entr'elles à des données familiaires & d'une facile exécution.

Les observations que je viens de faire étoient à la vérité moins applicables au Panthéon, qu'elles ne le seroient à un édifice dont le premier inventeur existeroit & pourroit réclamer avec plus de force les droits que je maintiens devoir lui appartenir dans l'exécution de son ensemble & de ses détails.

Le Directoire a donc cru qu'il convenoit de faire entrer en partage des nouveaux ouvrages de sculpture le plus grand nombre possible d'artistes. Il en a autorisé la répartition à parts égales, autant que les sujets le comportoient. Si aucune loi n'ordonnoit & ne déterminoit le concours, il y a suppléé par la concurrence; & la concurrence ne pouvant avoir lieu pour les ouvrages, il y en a eu du moins sur les ouvrages eux-mêmes.

Quand les raisons que j'ai indiquées n'auroient pas toute la force que je leur crois, le Directoire comprendra encore, qu'une décoration d'édifice, complexe de ſa nature & diviſible en un grand nombre de parties entre tant d'artiſtes, offriroit une multiplicité d'objets à juger, dans laquelle les juges & les jugemens ſe perdroient & ſe confondroient. Qu'on ſuppoſe, par exemple, une ſérie de cinquante ſtatues à placer ſur le couronnement d'un édifice, & qu'on ſuppoſe que cent ſculpteurs concourent pour les cinquante ſtatues, & concourent ſur des eſquiſſes; voilà cinq mille eſquiſſes qu'il faut juger; & d'ailleurs, qu'eſt-ce que c'eſt que juger ſur des eſquiſſes? Enfin, outre les raiſons de goût déjà miſes en avant, je crois qu'on peut affirmer que le concours ne peut avoir lieu que pour un ouvrage iſolé, indépendant dans ſes rapports, & que tout ce qu'on pouvoit faire de mieux a été pratiqué au Panthéon, pour la diſtribution des travaux.

J'ai rendu un compte fidèle de tout ce qui a été fait au Panthéon, des raiſons qui m'ont engagé à faire ainſi; de celles qui m'ont empêché de faire plus & de faire autrement. Il ſe pourroit, qu'après y avoir été taxé de trop de hardieſſe dans un temps où il falloit y opérer une ſorte de révolution; dans un temps où il falloit livrer des combats à la ſuperſtition qui, habile à prendre toutes ſortes de formes, ſembloit s'apitoyer ſur les pertes que mes changemens alloient faire ſubir à ce monument, (1) on m'accusât, aujourd'hui que la révolution y eſt faite, de trop de ménagemens pour lui & de trop de timidité dans mes réformes.

J'engagerai le Directoire à accueillir tous les projets, à reſpecter toutes les critiques qui partent des véritables amis des arts; de ces hommes en qui le ſentiment du beau eſt un inſtinct, & l'amour de la perfection une paſſion qui s'irrite de tout ce qui la bleſſe.

Mais je penſe qu'il eſt également de ſa ſageſſe de donner auſſi à l'opinion publique le temps de prononcer ſur toute eſpèce de nouveauté capable de ſuſpendre la jouiſſance du monument, & d'y néceſſiter des dépenſes qu'on regretteroit d'avoir employées à défaire des choſes faites, plutôt qu'à en faire de nouvelles.

---

(1) Le Directoire a la preuve, dans de nombreuses pétitions, de toutes les plaintes dont j'ai long-temps été le ſujet, comme abattant témérairement des chef-d'œuvres, dégradant l'édifice, le mutilant en quelque ſorte, & y portant un génie deſtructeur.

www.ingramcontent.com/pod-product-compliance
Ingram Content Group UK Ltd.
Pitfield, Milton Keynes, MK11 3LW, UK
UKHW020310220726
13923UKWH00003B/1060